Fauliot DIE KUNST
ZU SIEGEN
OHNE ZU
KÄMPFEN

DIE KUNST ZU SIEGEN OHNE ZU KÄMPFEN

ANEKDOTEN UND GESCHICHTEN ZU DEN KAMPFKÜNSTEN

Zusammengetragen und
mit einer Einleitung versehen
von Pascal Fauliot

Mit Tuschzeichnungen
von Klaus Holitzka

Aus dem Französischen
von Loel Zwecker

Diederichs

Die französischsprachige Originalausgabe
erschien 1981 unter dem Titel
Les contes des arts martiaux
bei Éditions Retz

Für diese Ausgabe diente als Vorlage
die Ausgabe von Éditions Albin Michel, 1988

Die Deutsche Bibliothek – CIP-Einheitsaufnahme
Die Kunst zu siegen, ohne zu kämpfen : Anekdoten und
Geschichten zu den Kampfkünsten / zusammengetragen und mit
einer Einl. von Pascal Fauliot.
Aus dem Franz. von Loel Zwecker. – Kreuzlingen ; München :
Hugendubel, 2001
(Diederichs)
Einheitssacht.: Les contes des arts martiaux <dt.>
ISBN 3-7205-2200-8

Umschlaggestaltung: Zembsch' Werkstatt, München
Produktion: Maximiliane Seidl
Satz: EDV-Fotosatz Huber/Verlagsservice G. Pfeifer, Germering
Druck und Bindung: Huber, Dießen
Printed in Germany
ISBN 3-7205-2200-8

INHALT

Mit dem einen Ende seines Bogens
Dringt der Schütze in den Himmel ein,
Mit dem anderen in die Erde.

Aufgespannt zwischen beiden,
Lässt die Schnur den Pfeil wegschnellen
In das Herz der Zielscheibe,
Der sichtbaren und der unsichtbaren.

Ein tausendjähriges Erbe
Einleitung

Editorische Notiz

Zur Umschreibung chinesischer Wörter wurde die derzeit gängige Pinyin-Umschrift verwendet, zur Umschrift japanischer Wörter die Hepburn-Umschrift.

Statt Tao wurde also Dao gesetzt, statt Ch'i bzw. Chi ist Qi zu lesen usw. Dem chinesischen Qi entspricht im Japanischen das Ki (die Wahl dieser Begriffe hängt davon ab, aus welchem Land die jeweilige Geschichte stammt).

In wenigen Fällen wurde von der Pinyin-Umschrift abgewichen:

So müsste gemäß der Pinyin-Umschrift etwa Laotse zu Laozi werden, Tao te king zu Daodejing, Kung Fu bzw. Kung-Fu zu Gongfu, T'ai Chi Ch'uan bzw. Tai Chi zu Taijiquan und I Ging zu Yijing. Da diese Begriffe aber inzwischen im Deutschen sehr gebräuchlich sind, finden sich im Text die (eingedeutschten) Begriffe Laotse, Tao te king, Kung-Fu, I Ging und Tai Chi.

Die Botschaft der Geschichten

Zu allen Zeiten haben sich die Kampfkunstmeister der magischen Kraft des Geschichtenerzählens bedient, um eine Ahnung vom Unsagbaren zu vermitteln. Es kann also kaum verwundern, wenn die Kampfkunst-Geschichten den tieferen Sinn dieser Disziplinen mit sich tragen, die vor allem eine Schule des Lebens sein wollen.

Überraschen mag zunächst, dass die in dem vorliegenden Buch gesammelten Geschichten zum Großteil auf Tatsachen beruhen. Sie entfalten ihre Wirkung jedoch, indem sie zeigen, dass das Leben selbst unvermutete Geheimnisse in sich birgt. Bislang unbekannte Dimensionen und Wahrnehmungsbereiche werden angedeutet, die von der Möglichkeit des Unmöglichen zeugen, von der engen Verbindung des Ungewöhnlichen mit dem Alltäglichen.

Die Berichte enthalten keine moralische Botschaft, mit ihnen soll nichts »erläutert« werden. Ihr Ziel ist ein anderes: Fragen aufzuwerfen, deren Antworten in der Praxis liegen.

Die Kunst, die Lanze aufzuhalten

Die wirklichen Kampfkünste sind nicht zu verwechseln mit gewöhnlichen Kampfsportarten. Oft sagt ein Zeichen, ein Symbol mehr aus als lange Erklärungen. Die Schriftzeichen für Kampfkunst sind in China und Japan identisch. Nur die Aussprache unterscheidet sich: Die Chinesen sagen *Wushu*, die Japaner *Bujutsu*. Eine Übersetzung mit »Kriegskunst« oder »Kampfkunst« unterschlägt einiges vom ursprünglichen Geist des Schriftzeichens, das sich aus zwei Elementen zusammensetzt: »aufhalten« bzw. »anhalten« und »Lanze«. In dem Ausdruck »die Kunst, die Lanze aufzuhalten« liegt die wesentliche Bedeutung von Kampfkunst. Und dies gilt umso mehr, als sich die Formulierung zugleich interpretieren lässt als »die Kunst, die Lanze des Gegners aufzuhalten« und als »die Kunst, die eigene Lanze aufzuhalten«. Es handelt sich um die große Kunst der äußerlichen Befriedung und der inneren Harmonie.

Die Kunst und der Weg

In den Zivilisationen des Altertums, von denen sich im Fernen Osten lebendige Zeugnisse erhalten haben, mündeten die traditionellen Künste in den *Weg*, auf dem der Mensch in einer langen und schwierigen Lehrzeit tiefe Erfahrungen mit der Wahrheit und mit sich selbst machen kann. Nach und nach entdeckt der Lernende die Gesetze der feinstofflichen Kräfte, aus denen das Leben gewoben ist. Er lernt, dass die Qualität seiner Werke von der Entfaltung seiner eigenen Qualitäten abhängt – von dem, was er ist. Seine äußerliche Arbeit wird zum Ausdruck seiner inneren Wandlung.

Im Ignorieren ebendieses Zusammenhangs liegt der Ursprung des Missverständnisses, bei *Kung-Fu* handle es sich schlicht um den »chinesischen Boxkampf«. Die Kunst des »Kampfes mit bloßen Händen« wird in China als *Quanshu*, »Kunst des Faustkampfes«, bezeichnet. Kung-Fu meint die bewusste Anstrengung, das ausdauernde Arbeiten zur Schaffung eines Kunstwerks oder das Trainieren zur Erlangung von Selbstbeherrschung. Die erwähnte Verwirrung resultiert also aus einem Nicht-Wissen um die in China selbstverständliche und enge Verbindung von Kampfkünsten und dem Streben nach menschlicher Vervollkommnung. Der Be-

griff Kung-Fu ist keineswegs auf den Bereich der Kampfkunst beschränkt. Vielmehr dient er der Beschreibung des
Niveaus, das Menschen auf ganz unterschiedlichen Gebieten
erreichen können. Will man in China etwa zum Ausdruck
bringen, dass ein Kalligraf eine Arbeit von hoher Qualität
ausgeführt hat, sagt man, sein Kung-Fu sei sehr »fortge-
schritten«.

In Japan gibt es den »Weg der Kalligrafie« (*Shodo*), den
»Weg der Teezeremonie« (*Chado*), den »Weg der Blumen-
steck-Kunst« (*Kado*), kurz: einen Weg für jede traditionelle
Kunst. Die Kampfkunst bildet hier keine Ausnahme: Budo
bezeichnet den abschüssigen Pfad, der sich bis ins »Herz
der Kampfkünste« schlängelt. Dieser Weg des Kampfes ist
ein mühsamer. Die Präsenz des Gegners erfordert die volle
Präsenz des Selbst auch in der kleinsten Bewegung, da diese über Leben und Tod entscheiden kann. Ein minimaler
Mangel an Konzentration, eine Unstimmigkeit zwischen
Geist und Körper erweisen sich im wirklichen Kampf als
unverzeihlich – und auch im Training als nicht risikolos.
Schnell entdeckt man, dass der gefährlichste Gegner nicht
von außen kommt, sondern in einem selbst liegt. Der Begriff »Weg des Kampfes« erfährt also noch eine andere
Wendung.

Dojo bezeichnet im Japanischen den »Ort des Weges«.
Hier praktiziert man *Budo*. Einem Tempel vergleichbar, ist
der Dojo ein geheiligter Raum, in den man eintritt, um sich
unterweisen zu lassen, um zu üben oder um seine Kräfte zu
regenerieren. Aber wie die Meister stets betonen, wird Budo
nicht nur im Dojo ausgeübt. Vielmehr stellt es eine Lebenskunst dar, die in jedem Moment im Alltag zum Tragen kommen soll.

Der wahre Dojo, so lehren es die Meister, ist derjenige,
den sich der Schüler in seinem Herzen errichtet, tief in seinem Inneren.

Die Entwicklungsgeschichte der Wushu

Der Ursprung der Wushu, der chinesischen Kampfkünste, bleibt im Dunkeln. Als die angesehenste der Kampfkünste gilt heute Quanshu, die Kunst des »Kampfes mit der bloßen Hand«. Ihre Wurzeln reichen zurück bis ins 2. Jahrtausend v. Chr. Auf Keramiken und Wandmalereien aus dem Jahr 1400 vor unserer Zeitrechnung sind Kampftechniken abgebildet, bei denen Fäuste und Füße zum Einsatz kommen. Schon sehr früh, vielleicht sogar seit ihren Anfängen, war Quanshu eine vollständig entwickelte Disziplin, wie dies aus einem Pergament aus der Han-Dynastie (202 v. Chr.) hervorgeht. Hier finden sich Techniken des Kampfes und der Therapeutik ebenso wie eine an der Idee des Heiligen und entsprechender Symbolik ausgerichtete Gestensprache.

Quanshu und Daoismus, der chinesische Weg der Initiation, waren, so weit dies den Legenden zu entnehmen ist, eng miteinander verbunden. Viele Forscher sehen in einem Anhänger des Daoismus den Gründer einer Schule des Kampfes. Die offizielle Geschichtsschreibung bestätigt dies insofern, als in den Annalen von einem berühmten daoistischen Arzt namens Hua Tuo (220 v. Chr.) die Rede ist, der eine Methode auf der Grundlage des Verhaltens von fünf Tieren entwickelte, die auch mit den fünf Elementen der chinesischen Alchemie in Zusammenhang steht. Der Legende zufolge kommt der erste Rang jedoch einem buddhistischen Mönch zu, der in seinem Bettelsack eine revolutionäre Methode mit sich trug.

Die Schule des Bodhidharma

Damo, besser bekannt unter dem Namen Bodhi-dharma (der Erleuchtete), war ein indischer Mönch, der Anfang des 6. Jahrhunderts durch China wanderte, um den der Dekadenz verfallenen Buddhismus zu erneuern. Die Erneuerungsbewegung*, die er ins Leben rief, erhielt den Namen *Chan*, woraus in Japan der *Zen* wurde.

Nachdem er den größten Teil seines Lebens auf Reisen verbracht hatte, ließ sich der Gründer des Zen im Shaolin-Kloster nieder. Schon kurz nach seiner Ankunft hatte er festgestellt, dass es den Mönchen häufig schwer fiel, sich auf die Meditation zu konzentrieren, und bald hatte er die Ursache dafür gefunden: Sie waren geschwächt durch ihre Übungen in Askese, durch die endlosen gelehrten Diskussionen, die Vorrang vor allem anderen hatten; zudem hatten die Mönche auf jegliche körperliche Betätigung verzichtet. Zur Förderung ihrer Gesundheit und der Harmonisierung von Körper und Geist – in seinen Augen Quelle jeder spirituellen Entwicklung – unterrichtete Bodhidharma sie in Bewegungsabläufen, die zum großen Teil aus den indischen und chinesischen Kampfkünsten kamen, wie er sie auf seinen langen und gefährlichen Reisen perfektioniert hatte. Diese Methode, durch Techniken des Hatha-Yoga vervollständigt, erhielt den Namen *Yijinjing*.

In der folgenden Zeit wurde das Shaolin-Kloster zur berühmtesten Wushu-Schule. Über Generationen praktizierten die Mönche die Kampfkunst und entwickelten sie weiter. Die Lektion von Damo hatte Früchte getragen. Über Jahrhunderte hinweg wurde die Kunst der Shaolin-Mönche

---

*Diese Bewegung basiert auf der Praxis einer Meditationshaltung, durch die der Buddha zum Erweckten wurde, eine Haltung, bei der man, aufrecht und bewegungslos sitzend, mit in Lotus- oder halber Lotusstellung überkreuzten Beinen seine ganze Aufmerksamkeit auf das lange und tiefe Ausatmen in das *Hara* richtet, diese Zone, die auch *Kikai Tanden*, Ozean der Energie, genannt wird und die drei Finger breit unter dem Nabel liegt. Die Gedanken, die wie Wolken vorbeiziehen, dürfen nicht angehalten werden. Vgl. auch »Zen in den Kampfkünsten Japans« (Kristkeitz 1994) und »Die Praxis der Konzentration« (Aurum 1992) von Taisen Deshimaru.

im Schatten der Klostermauern gelehrt. Zwar wurden im Allgemeinen nur Mönche eingeweiht, aber einige von ihnen verließen das Shaolin-Kloster und unterrichteten Mönche in anderen Klöstern und manchmal auch Laien. Nach und nach fand der Shaolin-Stil bzw. die Shaolin-Schule (Shaolin Pai) weite Verbreitung, besonders nach der Zerstörung des Klosters im Jahr 1723.

Die chinesischen Kampfkünste tragen immer noch das Gepräge des Klosters. Der in China am weitesten verbreitete Stil bleibt der der Shaolin-Schule. Doch schwer zugänglich für die Mehrheit der Praktizierenden, ist diese Kunst bei vielen zu einer einfachen Kampftechnik heruntergekommen, bei der es mehr um Muskelkraft als um umfassendere Qualitäten geht.

Von dieser Entwicklung enttäuscht, wendeten sich einige Praktizierende den *Neijia*-Künsten zu, wie sie in den abgeschlossenen Kreisen eingeweihter Daoisten gepflegt und übermittelt wurden.

Die Kunst der weichen Hand

Der Legende zufolge war der Erneuerer von Quanshu, der Kunst des Faustkampfes, und Erfinder des »inneren« Stils[*] ein daoistischer Asket mit dem geheimnisvollen Namen Zhang Sanfeng, Meister der Drei Bergspitzen. Als Erbe einer tausendjährigen Tradition, die er wieder aufgenommen und modifiziert haben soll, gilt dieser Weise als Urheber des

---

[*] Die »inneren« Stile bildeten sich in China heraus und gehören Chinas angestammter Religion, dem Daoismus, an. Die »äußeren« Stile sind im Zusammenhang mit dem Buddhismus entstanden, der von »außen« (Indien) nach China importiert wurde (Anm. d. Übers.).

Wudangshu, der Kunst aus dem Wudang-Gebirge. Diese »Kunst der weichen Hand« ist vermutlich der Vorläufer des *Tai Chi Chuan*.

Tai Chi Chuan wird oft einfach als therapeutische Gymnastik aufgefasst. Doch der Schein trügt: Jahrelang werden Bewegungen zwar sehr langsam ausgeführt, mehr als ein gefürchteter Kämpfer musste aber schon bitter bereuen, sich mit einem Meister des Tai Chi angelegt zu haben. Das Geheimnis dieser Kunst findet sich schon in ihrem Namen angedeutet, der sich aus folgenden Begriffen zusammensetzt: »Faustkampf« (*Chuan*), »das Höchste« bzw. »Äußerste« bzw. »der First« (*Chi*), »sehr« bzw. »aller-« (*Tai*). Man kann also mit »Faustkampf des Allerhöchsten« bzw. »des Alleräußersten« übersetzen.

Als wahrhafter Weg der daoistischen Alchemie bietet das Tai Chi Chuan dem geduldig Suchenden einen Schlüssel zum Wissen um die Energien. Von daher also eine gewisse Unverwundbarkeit … unter der Bedingung, dass man sich stets an die Botschaft eines weiteren Namens erinnert, den man dieser Kunst gegeben hat: »Kampf gegen den eigenen Schatten.«

Der zweite »innere« Stil ist *Bagua*, der seinen Namen aus den acht Trigrammen des *I Ging* (*Yijing*) bezieht, diesem sowohl für den Daoismus als auch für den Konfuzianismus so wichtigen Werk. Die acht Trigramme werden häufig um einen Kreis herum dargestellt, der harmonisch die Symbole des *Yin* (Passivität) und des *Yang* (Aktivität) einschließt. Gründer dieser Kunst ist der daoistische Einsiedler Zhang Sanfeng. Dem Tai Chi sehr nahe, vermittelt Bagua das Wissen um die Energien über kreisförmige und fortlaufende Bewegungen. Der Anfang der Lehrzeit ist von einem sehr langsamen Rhythmus geprägt. Im Lauf der Jahre beschleunigt er sich – bis hin zu einer erstaunlichen Schnelligkeit, die durch eine Entwicklung zu Flexibilität und fließenden Bewegungen ermöglicht wird.

Xingyi ist die dritte große »innere« Kunst. Xing bedeutet »Gestalt«, »Form«, »Körper«, *yi* »Absicht«, »Vorstellungskraft«, »Idee«, »Gedanke«, »Denken«. Wie bei den bereits erwähnten »inneren« Stilen geht es auch hier um die Harmonie von Körper und Geist. In der Bewegungsarbeit unterscheidet sich dieser Stil von den anderen: Er beruht auf linearen und unterbrochenen Bewegungen – wie im japanischen Karate.

Parallel zu den erwähnten Stilen entwickelten sich zahlreiche andere Stile der Kunst des Faustkampfes, die oft sehr sprechende Namen tragen: etwa der Stil des »weißen Reihers«, der »Gottesanbeterin«, der »Krallen des Adlers«, des »strahlenden Frühlings«, die Kunst des »Labyrinthes«, der »verlorenen Spur«, der »acht beschwipsten Gottheiten« oder des »betrunkenen Mannes«. Insgesamt fällt auf, wie sehr man sich in China von der Natur inspirieren ließ. Hunderte von Schulen tragen den Namen des Tieres, das ihnen als Vorbild dient. Der Großteil der Stile basiert auf einem Studium der Haltungen und Bewegungen unterschiedlichster Tiere. Das ideale Vorbild ist sicherlich der Drache: Er hat zugleich etwas vom Tiger und etwas von der Schlange, von der Kraft und der Schmiegsamkeit, von der Entschlossenheit und Unberechenbarkeit.

Eine weitere Gemeinsamkeit zwischen den Schulen: In allen wird mit den *Dao* gearbeitet, die, wie die japanischen *Kata*, eine Verkettung von Bewegungen darstellen. Sie sind nicht nur eine Übung zum Kampf, sondern auch eine Gebärdensprache und eine Konzentrationsübung.

Zahlreich und vielfältig sind die Waffen, die in den chinesischen Kampfkünsten zum Einsatz kommen: Säbel, Schwert, Lanze, Stock, Dreschflegel, Hellebarde, Sense usw. Viele Schulen der Faustkampfkunst ergänzen ihre Ausbildung durch die Handhabung von Waffen, die hier als eine Art Fortsetzung des Körpers gesehen werden und demnach als ein hervorragendes Mittel, die Körperbeherrschung zu vervollständigen.

Während sich in China die Helden des Kampfes mit bloßer Hand der größten Beliebtheit erfreuen, scheinen die Japaner den Meister des Schwertkampfes vorzuziehen, den Samurai.

Das Budo und die Bujutsu

In vielerlei Hinsicht kann man die japanischen Kampfkünste als Erben der chinesischen bezeichnen. Der kulturelle Einfluss des Reichs der Mitte ist groß. Dennoch ist die japanische Kultur durch eine bemerkenswerte Originalität gekennzeichnet. Einem Schmelztiegel ähnlich, werden im Land der aufgehenden Sonne Einflüsse integriert, absorbiert und, dem eigenen Geschmack entsprechend, neu »modelliert«.

In Japan haben sich die Kampfkünste stets aus der subtilen Kraft des Budo genährt. Möglicherweise änderten die japanischen Meister Anfang des Jahrhunderts aus Furcht vor einem Kontakt mit dem Westen und der modernen Welt absichtlich die überkommenen Namen der Bujutsu, um die Bedeutung des Weges (Do) zu betonen: Aus *Jujutsu, Aikijutsu, Kenjutsu* wurden *Judo, Aikido, Kendo* … Sie hofften, die große Mehrheit an Interessierten möge die Kampfkünste eben nicht mit den diversen Kampfsportarten verwechseln; der Sinn des Weges sollte nicht in den Wirren der Geschichte verloren gehen.

Wer einmal einer qualitätsvollen Vorführung beiwohnen durfte oder einen entsprechend gut gemachten Film gesehen hat, der war sicherlich beeindruckt von der Harmonie der Bewegungsabläufe, der Schönheit der Gesten. Viele Betrachter haben diese Künste mit rituellen Tänzen oder religiösen Zeremonien verglichen. Hier bleibt nichts dem Zufall überlassen. Da die technische Ausbildung über Generationen durch die japanischen Meister gewährleistet wurde, die auch das Wissen ihrer chinesischen »Kollegen« integrierten, fanden sich die universellen Prinzipien des Komplementären

22

stets beherzigt: Mit einer beinahe unheimlichen Präzision kommt das Spiel der aktiven Kräfte (Yang) und der passiven Kräfte (Yin) – in Angriffs- und Verteidigungsbewegungen – zum Tragen, auf dass der Gegner mit einem Minimum an Kraft und einem Maximum an Wirkung besiegt werde. Daraus resultiert, quasi automatisch, eine verblüffende Harmonie der Gesten.

Der Geist des Budo findet sich vor allem in den Kata verkörpert. Die Kata (Formen) könnte man als eine Kette von vorgegebenen Bewegungen bezeichnen. Auf den ersten Blick dienen sie zur Aneignung von Kampftechniken. Auf korrekte Weise ausgeübt, lassen sich ihnen jedoch auch zahlreiche positive Wirkungen hinsichtlich Beweglichkeit, Atmung, Rhythmusgefühl, Konzentrationsfähigkeit und allgemeinem Gesundheitszustand zuschreiben. Den Meistern dienten diese Bewegungsabläufe vor allem zur Wissensvermittlung. So sind die Kata Mittel zur Tradierung von Techniken, Kampftaktiken, aber auch Träger eines spirituellen Symbolismus, einer mehrfach verschlüsselten Botschaft: Ihr letztes Geheimnis enthüllen sie erst nach Jahren intensiver Übung, vielleicht erst am Ende eines Lebens. Die Entwicklung der Kata reicht weit zurück und die Meister, Krieger oder Mönche, die daran beteiligt waren, verstanden sie als Vermächtnis an ihre Schüler und die späteren Generationen; sie hofften, dass die überlieferten Formen nicht von ihrem ursprünglichen Inhalt abgetrennt und die Bujutsu weiterhin dem Erkennen des Weges dienen würden.

Die bewaffneten Bujutsu

Entgegen einer weithin verbreiteten Meinung wurden die Kampfkünste keineswegs nur von der Klasse der Bushi (oder Samurai) ausgeübt. Auch das »einfache Volk«, vor allem aber

Mönche konnten große Kenntnisse erwerben, mitunter Meisterschaft erlangen.

Bushido, der Weg des Kriegers, ist nicht zu verwechseln mit *Budo*, dem Weg der Kampfkünste. Der Gebrauch von Waffen war das Privileg der Samurai, vor allem ab dem 16. Jahrhundert, als per Dekret die Beschlagnahmung sämtlicher Waffen unter dem Volk befohlen wurde. Kenjutsu, das Fechten, war eine Art Grundausbildung der Samurai. Das Schwert galt als der »Leibwächter«, von dem man sich niemals trennte. Stehend, sitzend oder liegend – immer musste der Samurai bereit sein, sein Schwert zu ziehen, um sein Leben zu retten, das in Zeiten des Lehnswesens ständig bedroht war. In diesem Zusammenhang verbreitete sich die Erkenntnis, dass ein Sieg effektiver durch ein schnelles überraschendes Losschlagen als durch einen ermüdenden Fechtkampf zu erzielen war, und so perfektionierte der japanische Krieger *Iai*: die Kunst, das Schwert zu ziehen und den Gegner zu schlagen, bevor dieser sich überhaupt auf einen Kampf einstellen kann. Als die Waffe des Kriegers schlechthin nimmt das Schwert in Japan auch in zahlreichen religiösen Zeremonien einen Ehrenplatz ein. Schintoistische Priester der Heiligtümer Kashima und Katori haben Schulen der Fechtkunst gegründet.

Prinzipiell war Kenjutsu, gemeinsam mit *Kyujutsu*, jedoch eine Disziplin, die der Aristokratie der Bushi vorbehalten blieb. Mit dem Aufkommen der Feuerwaffen wurde das Kyujutsu zwar zunehmend von den Schlachtfeldern verdrängt, gewann dafür aber an »Reinheit«: Immer mehr stand diese Disziplin mit einer spirituellen Entwicklung in Zusammenhang, zumal der Schütze im Dojo beim Schießen auf Zielscheiben tatsächlich nur sich selbst zum »Gegner« hat. So hat sich das Bogenschießen vor allem in den Tempeln als Disziplin erhalten und noch heute üben es viele Mönche in einem täglichen Ritual aus. Dem Kyujutsu wird in Japan größte religiöse Bedeutung beigemessen, denn »mit dem einen Ende seines Bogens dringt der Schütze in den Himmel ein, mit dem anderen in die Erde; aufgespannt zwischen diesen beiden Polen, lässt die Schnur den Pfeil wegschnellen – in das Herz der Zielscheibe, der sichtbaren und der unsichtbaren«.

Naginatajutsu ist die Technik der Lanzenhellebarde. Die Krieger-Mönche, die *Yamabushi*, waren in Japan die ersten, die diese Waffe benützten. Diese berühmten Yamabushi (Krieger der Berge) lebten als buddhistische Mönche an den Hängen des Berges Hiei. Ein wenig wie die abendländischen Templer waren sie militärisch organisiert, um die Heiligtümer gegen Banditen verteidigen zu können. Die Yamabushi waren gefürchtete Kämpfer und die Klöster wurden sehr bald in ganz Japan als Zentren der Kampfkünste berühmt. Viele Samurai suchten die Klöster auf, um sich unterrichten zu lassen und ihre Kampftechniken zu perfektionieren.

Unter den Yamabushi, die durch ihre Techniken der Lanzenhellebarde Ansehen erlangten, ist der Mönch Benkei als Weggefährte des japanischen Volkshelden Yoshitsune zur Legende geworden. Ein anderer Mönch des 12. Jahrhunderts, Tajima, »der Pfeilzerschneider«, wurde dadurch berühmt, dass er sich einmal, als er eine Brücke unter einem regelrechten Pfeilhagel überqueren musste, erfolgreich schützte, indem er die heranfliegenden Pfeile mit seiner Naginata »wegmähte«. In der folgenden Zeit etablierte sich diese Waffe unter den Samurai sämtlicher Ränge. Als dann auch diese Waffe mit der Verbreitung von Feuerwaffen mehr und mehr aus dem Kriegsgeschehen verdrängt wurde, blieb ihr jedoch ein Ehrenplatz in den adligen Wohnungen erhalten und sie diente den Frauen der Samurai zur Selbstverteidigung. Heute ist die Kampftechnik mit dieser Waffe zur wichtigsten für Frauen avanciert.

Obwohl dem Volk im 16. Jahrhundert der Waffenbesitz verboten wurde, um die Macht der aristokratischen Bushi zu sichern, hielten sich in diesen harten Zeiten einige traditionelle Kampftechniken in den Dörfern, Städten und Klöstern.

Zunächst sind hier Bauern und Handwerker zu nennen, die ihre Werkzeuge in überraschend effektive Waffen verwandelten. Dreschflegel (*Nunchaku*), Sicheln (*Kama*) und andere Arbeitsgeräte machten dem Schwert Konkurrenz. Eine der am meisten praktizierten Kampfkünste Japans war vielleicht *Bojutsu*: Als einfaches Gerät kam der *Bo*, ein Stock, im Alltag oft zum Einsatz, aber in den Händen eines Meisters konnte er zu einer wirkungsvollen Waffe werden. Zahlreiche Landstreicher, Pilger, Wandermönche und -künstler verdankten ihr Überleben auf den von Räubern belagerten Landstraßen allein ihrer Geschicklichkeit mit dem Stock. Zen Basho (1643–1694), einer der größten Dichter Japans, stand in dem Ruf, seinen Stock mit der gleichen Geschicklichkeit zu handhaben wie die Sprache. Diese Kampfkunst des Volkes fand schließlich sogar bei den Samurai eine gewisse Anerkennung; auch sie übten sich schließlich eifrig darin – und sei es nur, um sich besser gegen Angriffe mit dieser Waffe verteidigen zu können.

Insgesamt zeigte sich, dass man zum Erlangen der Meisterschaft stets mehrere unterschiedliche Kampfkünste erlernen musste – denn nur so konnte man die gemeinsamen Prinzipien extrahieren und das Wesen des Weges verstehen lernen.

Trotz der »Ausweichmöglichkeiten« auf Arbeitsgeräte und Alltagsgegenstände bedeutete das Fehlen von Waffen eine gewisse Einschränkung, und so entwickelten sich neben den vielen Bujutsu, die mit Waffen ausgeübt wurden, auch mehrere waffenlose Kampftechniken und fanden weite Verbreitung.

Die waffenlosen Bujutsu

Waffenlose Bujutsu erlernte man nicht zuletzt, um die Verteidigungsmöglichkeiten in einem Kampf auch dann noch aufrechterhalten zu können, wenn man bereits vom Gegner entwaffnet wurde. Oft liegt die letzte Möglichkeit, sich zu retten, in der unbewaffneten Verteidigung.

Die waffenlose Kampftechnik Jujutsu oder Kunst der Wendigkeit beruht auf dem Prinzip des »Nicht-Widerstehens« oder »absichtslosen Handelns«. In dieser Kunst bedient man sich vor allem der Bewegungen des Gegners, um ihn zu überwinden. Beim Jujutsu kommt das ganze Waffenarsenal des Körpers zum Einsatz: Ausweichmanöver, Hebel, Würfe, Stöße, Schläge und Würgegriffe. Der Wettkampfsport Judo, der Anfang des 20. Jahrhunderts von Jigoro Kano entwickelt wurde, hat sich dann allerdings mehr und mehr von dieser Tradition entfernt und muss heute als abgeschwächte und vereinfachte Variante bezeichnet werden.

Aikijutsu bedeutet die Kunst der Harmonisierung von Energien. Dem Jujutsu verwandt, war diese Kampfkunst weniger verbreitet, da sie nur im Geheimen im Kreis bestimmter Familien der Krieger-Aristokratie unterrichtet wurde. Erst Anfang des 20. Jahrhunderts erklärte sich Takeda Sokaku, einer der letzten Nachkommen seiner Familie, dazu bereit, dieses Wissen einer etwas größeren Öffentlichkeit zugänglich zu machen. Einer seiner Schüler, Ueshiba Morihei, schöpfte aus dieser Technik Anregungen und entwickelte Aikido, eine Technik, die auf dem Prinzip der Gewaltlosigkeit und des Nichtangriffs beruht.

Auch einige waffenlose Kampfkünste aus China fanden in Japan Verbreitung: die *Kempo*. Das berühmteste Kempo ist *Karate*. Auf Deutsch bedeutet Karate »leere Hand«.

Im 15. Jahrhundert befand sich Okinawa, eine Insel des Archipels der Ryukyu im Süden Japans, unter chinesischer

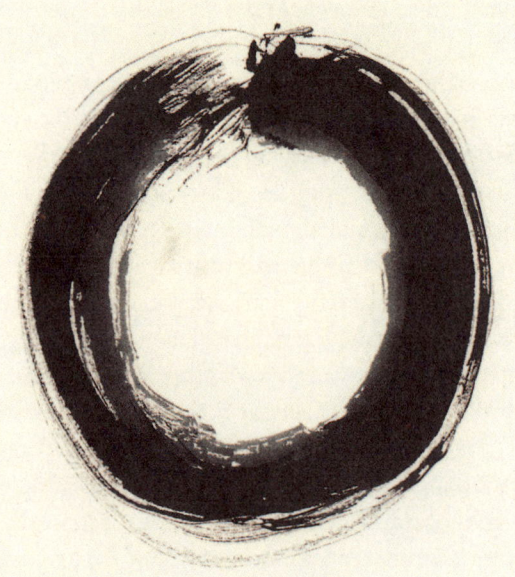

Herrschaft. Die Besatzer verboten der einheimischen Bevölkerung den Waffenbesitz. Mit ungebrochenem Widerstandswillen entwickelten einige Bewohner von Okinawa heimlich eine am chinesischen Kempo angelehnte Kampfkunst: »Hand Chinas«. Diese Technik wurde zum größten Teil von chinesischen Mönchen eingeführt, wie dies auch die Namen bestimmter Kata bezeugen: ein Kata kommt aus Jionji, einem alten buddhistischen Tempel; der Stil des Shorinryu verweist auf seine Herkunft aus dem Shaolin-Tempel. Das Waffenverbot wurde auch dann beibehalten, als Okinawa 1609 unter japanische Herrschaft fiel. Der heimlich, meist nachts geübte lokale Kampfstil wurde nach und nach bekannt als Okinawate. Doch erst im 20. Jahrhundert führte ihn Funakoshi Gishin im restlichen Japan ein. Um seine Zugehörigkeit zum Budo zu unterstreichen, nannte er diesen Stil *Karatedo*, »Weg der leeren Hand«. Das Wort *Kara* (leer) wurde nicht nur zur Charakterisierung der reinen Kampftechnik gewählt, sondern vor allem aufgrund seiner moralischen und religiösen Bedeutung. Kara meint auch »bar jeglicher aggressiven Absicht« und evoziert die Zen-Erfahrung der »Leerheit«.

Vor diesem Hintergrund mag es zunächst erstaunen, dass Karate heute eher in dem Ruf einer gewalttätigen Technik steht. In der Tat sind die Techniken zum Teil »brutal«, da sie maßgeblich von den *Atemi* geprägt sind, Schläge mit Händen, Ellbogen, Knien und Beinen, die auf empfindliche Körperbereiche abzielen. Wird Karate losgelöst vom Do, also nicht in seiner ursprünglichen Ausrichtung auf Selbstverteidigung und als Weg praktiziert, kann es schnell zum gefährlichen Boxkampf verkümmern, der keinerlei Verbindung zu dem Karatedo mehr hat, wie es Funakoshi Gishin bis zu seinem Tode im Alter von 89 Jahren ausübte.

An der Schwelle zum Geheimnis

»Wenn ein Greis ein enormes Gewicht bewegt oder erfolgreich mehreren jungen Angreifern trotzt, hat dies offensichtlich nichts mit Gewalt zu tun; und welche Rolle spielt Schnelligkeit dabei?«

Wang Chongyue

Das Leben von Meister Ueshiba Morihei, dem Begründer des Aikido, ist voll von außergewöhnlichen Begebenheiten. Mehrmals wurde er aus dem Hinterhalt oder im Schlaf überfallen. Dennoch war er nie ganz unvorbereitet und es gelang ihm stets, seine Gegner zu überwältigen. Einmal erklärte er sich sogar dazu bereit, unbewaffnet gegen einen Spezialisten des Kendo zu kämpfen, der mit einem Boken (Holzschwert) bewaffnet war. Immer wieder wich er den Schlägen aus – bis sein Gegner, völlig erschöpft, seine Angriffe einstellte. Nach seinem Geheimnis befragt, erklärte Meister Ueshiba:»Bevor mich jemand berühren kann, nähert sich sein Ki. Weiche ich dem Ki, dem sein Körper folgt, aus, muss ich ihn nur noch leicht berühren, um ihn zu Fall zu bringen.« Auf einer Reise durch die Mongolei vollbrachte er eine noch erstaunlichere Leistung. Aus ungefähr sechs Metern Entfernung zielte ein Soldat mit einem Gewehr auf ihn. In dem Moment, da er abdrücken wollte, hatte Ueshiba den Soldaten jedoch schon überrumpelt und blitzschnell entwaffnet. Lakonisch nimmt sich der überlieferte Kommentar des Meisters aus:»Zwischen dem Moment, da ein Mensch sich dazu entscheidet abzudrücken, und dem, da der Schuss tatsächlich fällt, verstreicht viel Zeit.« Hatte er die Gabe, mit der Zeit zu spielen? War er über die Gesetze der Physik erhaben?

Ein Mensch wie Ueshiba wird wohl ein Rätsel bleiben, ein »unangenehmes« zudem für die herrschenden Schulen der Naturwissenschaften. Dies umso mehr, da sich diese Vorfälle nicht einfach als »mittelalterlicher Aberglaube« abtun lassen: Meister Ueshiba Morihei starb 1969 und zahlreiche noch lebende Zeugen können berichten, was sie mit eigenen Augen beobachtet haben. Es gibt sogar Fotografien, auf denen Ueshiba zu sehen ist, wie er als 80-jähriger Greis mit entspanntem Körper und einem Lächeln auf den Lippen dem harten Schlag eines jungen Kämpfers standhält.

Derartig merkwürdige Phänomene sind allen Kampfkünsten gemeinsam. Sie haben mit der Macht des Qi (im Chinesischen) bzw. Ki (im Japanischen) zu tun. Schwer zu übersetzen, bedeutet Ki so viel wie Atem, innere Energie, Aufmerksamkeit, Geist. Es existieren unterschiedliche »Qualitäten« oder Formen des Ki. Dem östlichen Denken entsprechend, erstreckt sich das ursprüngliche Ki auf das gesamte Universum und nimmt Schritt für Schritt in dem Maß ab, in dem es sich von seiner Quelle, dem Dao, entfernt. Je nach dem Niveau, das die Wesen oder Dinge im Kosmos erreicht haben, durchdringt es diese mehr oder weniger stark.

Mit dem Ziel der Wahrnehmung und Beherrschung des Ki werden Atem- und Meditationstechniken sowie Konzentrationsübungen gelehrt.

Der Kiai, gemeinhin »Schrei, der tötet« genannt, ist die Kunst, das Ki zu lenken und zu projizieren. Dabei unterscheidet man zwischen zwei grundlegenden Formen des Kiai. Die eine Variante ist ein klangvoller Schrei, der bestimmte Schwingungen hervorruft, ein Schrei, der aus dem Hara Tanden kommt, dem menschlichen Lebenszentrum im Abdomen. Dieses Hara bildet das Zentrum der körperlichen Schwerkraft, verantwortlich für Gleichgewichtssinn und Motorik. Jede Bewegung erreicht ihre größte Wirksamkeit, wenn sie im Hara entsteht; umgekehrt wird sie blockiert, wenn sie einer muskulären Kontraktion entspringt.

Die zweite Variante des Kiai stellt das Phänomen des »lautlosen Schreis« dar, einem »Schrei«, der aus dem tiefsten Inneren des Daseins kommt. Dieser Schrei transportiert eine sehr feine Form von Energie und ist insofern der Hypnose verwandt, als er auch über die Augen vermittelt werden kann. Sowohl beim klingenden wie auch beim stummen

Schrei gibt es zwei mögliche Ziele: Entweder sollen intensive Schwingungen ausgesendet werden, die den Gegner verwirren und beeinträchtigen, oder der Schrei bzw. diese Schwingungen dienen der Wiederbelebung von Bewusstlosen. Als Kime bezeichnet man den Vorgang, bei dem das Ki seine Wirkung über einen Körperkontakt entfaltet. Dabei werden eine Art Druckwelle des Schlages und seine innere Energie so in einem Punkt gebündelt, dass sie noch zum Tragen kommen, wenn der Schlag selbst bereits erfolgt ist – oder abgebremst wurde. Viele Karatemeister wissen in diesem Zusammenhang von höchst merkwürdigen Erfahrungen zu berichten: Ein Schüler trägt etwa eine vierfach gefaltete Matte vor seinem Bauch und stellt sich sogar noch mit angespannten Bauchmuskeln auf einen Schlag ein; nun führt der Meister unter Einsatz von Kime einen lockeren Kick gegen die Matte aus. Mit einem Schmerzensschrei lässt der Schüler die Matte fallen und hält sich den Bauch. Durch die Matte und die angespannte Bauchmuskulatur hindurch hat die Energie die Wirbelsäule erreicht!

Auch der sechste Sinn, die Fähigkeit, einen Angriff vorauszuahnen, steht in Zusammenhang mit dem Ki. Mit jedem Gedanken, jeder Intention sendet eine Person eine Welle aus, die eine andere Person mit entsprechend hoch entwickelter Sensibilität empfangen kann. Nach Jahren der Übung entwickeln die großen Meister die Fähigkeit, einen drohenden Angriff schon im Vorfeld zu spüren, Bewegungen des Gegners vorwegzunehmen und so, trotz ihres hohen Alters, quasi unbesiegbar zu bleiben.

Das Ki an sich ist weder gut noch böse. Der Kiai kann zur »Lähmung« dienen oder zur Wiederbelebung. Ob die konstruktiven oder destruktiven, die wohltuenden oder unangenehmen Qualitäten zum Tragen kommen, hängt von der Person ab, die sich des Kiai bedient. Da diese große Kraft zu egoistischen Zwecken missbraucht werden kann, achtete man in den Weisheitsschulen, die den Namen wirklich verdienten, streng auf die Auswahl der Schüler und die Techniken wurden mit der Auflage eines Schweigegebotes gelehrt. Das Ziel des Weges besteht letztlich ohnehin nicht im Erwerben »äußerlicher« Macht. Diese Art von Macht ist nur ein Zeichen von aktivierten Fähigkeiten, die in jedem Menschen angelegt sind und das Ergebnis der inneren Arbeit zur Verwirklichung des Selbst darstellen. Die wahren Meister setzen ihre äußerliche Kraft nur sehr selten ein: um Leben zu schützen oder im Rahmen der Ausbildung. Auch bleibt der Gebrauch dieser Macht, die Einflussnahme auf Energien, nicht folgenlos. Eine Art Rückschlag steht immer zu fürchten. Denn gemäß des Gesetzes vom Karma erntet man, was man sät. Wer die Macht also missbraucht, verschwendet seine Energie und gerät in ein dunkles Labyrinth, verliert jegliche Hoffnung auf wahre Meisterschaft, auf das Vordringen bis zum letzten Geheimnis.

Indem sie uns die Tür zu einer unbekannten Welt einen Spalt weit öffnen, vermitteln uns die Geschichten über diese außergewöhnlichen Mächte einen kleinen Eindruck von einer übersinnlichen Wirklichkeit.

Die unsichtbare Zielscheibe

Als Meister Kenzo Awa erklärte, die Kunst des Bogenschießens bestehe darin, den Pfeil ohne eine Fixierung auf Erfolg,
ja, ohne zu zielen, losschnellen zu lassen, konnte sein euro-
päischer Schüler Herrigel sich die Bemerkung nicht verkneifen: »Nun, dann müsstet ihr doch auch mit verbundenen
Augen schießen können?«

Eine Weile ließ der Meister seinen Blick auf seinem Schüler ruhen, … um sich dann für den Abend mit ihm zu verab-
reden.

Es war bereits Nacht, als Herrigel in den Dojo gebeten
wurde. Der Meister lud ihn zunächst zum Chanoyu ein, der
Teezeremonie, die er selbst zelebrieren wollte. Ohne ein Wort
zu sagen, bereitete der Meister sorgfältig den Tee zu und servierte ihn mit unendlicher Sanftmut. Jede Bewegung war von
einer Genauigkeit und Schönheit, wie sie nur aus höchster
Konzentration resultieren kann. Die beiden Männer schwie-
gen, um die Feinheiten dieses harmonischen Rituals genießen
zu können. Ein Moment der Ewigkeit, wie man in Japan sagt.

Gefolgt von seinem Schüler, durchquerte der Meister
dann den Dojo, um sich am Eingang der Schießhalle aufzu-
stellen. Die Halle war düster und die Zielscheiben waren –
in 60 Metern Entfernung – nur schemenhaft zu erkennen.
Auf Anweisung seines Meisters ging Herrigel nun, ohne ein
Licht anzuzünden, an das andere Ende der Halle, um eine
Zielscheibe vorzubereiten.

Bei seiner Rückkehr aus dem Dunkeln des Raumes fand
er seinen Meister bereit für die Zeremonie des Bogenschießens. Nachdem er einen Gruß hin zu seinem unsichtbaren
Ziel entrichtet hatte, schien es, als schwebe der Meister gera-

dezu über dem Boden. In ihrer Langsamkeit und ihrem Fluss glichen seine Bewegungen denen des Rauches, wie er sich sanft vom Wind tragen lässt. Die Arme hoben und senkten sich. Der Bogen spannte sich langsam – bis plötzlich der Pfeil davonschnellte und in der Dunkelheit verschwand. Der Meister blieb regungslos, die Arme ausgestreckt, als wolle er seinen Pfeil im Geist zu seinem unbekannten Bestimmungsort begleiten, den Vorgang auf einer anderen Ebene fortsetzen. Dann tanzten Pfeil und Bogen erneut in seinen Händen. Ein zweiter Pfeil pfiff davon und wurde von der Nacht verschluckt.

Herrigel konnte es kaum erwarten, die Halle zu beleuchten und nachzusehen, wo die Pfeile gelandet waren. Den ersten fand er ins Zentrum der Zielscheibe gebohrt. Der zweite steckte dicht daneben – ein wenig abgelenkt vom ersten, den er berührt hatte und dessen Bambusschaft der Länge nach aufgerissen war!

Begeistert kehrte Herrigel mit der Scheibe in den Händen zurück, um dem Meister zu seinem Erfolg zu gratulieren. Dieser jedoch antwortete: »Das Lob gebührt nicht mir. Das konnte nur gelingen, weil ich ›etwas‹ in mir agieren ließ. Dieses ›Etwas‹ gab den Pfeilen die Kraft, sich des Bogens zu bedienen, auf dass sie sich mit dem Ziel vereinigen.«

Diese erstaunliche Begebenheit schildert Eugen Herrigel in seinem Buch »Zen in der Kunst des Bogenschießens«, einem Bericht über seine schwierige Kyudo-Lehrzeit während seines sechsjährigen Aufenthalts in Japan.

Der sechste Sinn

An einem schönen Frühlingsnachmittag spazierte Tajima no Kami durch seinen Garten; er schien vollständig versunken in die Betrachtung seiner Kirschbäume, die in voller Blüte

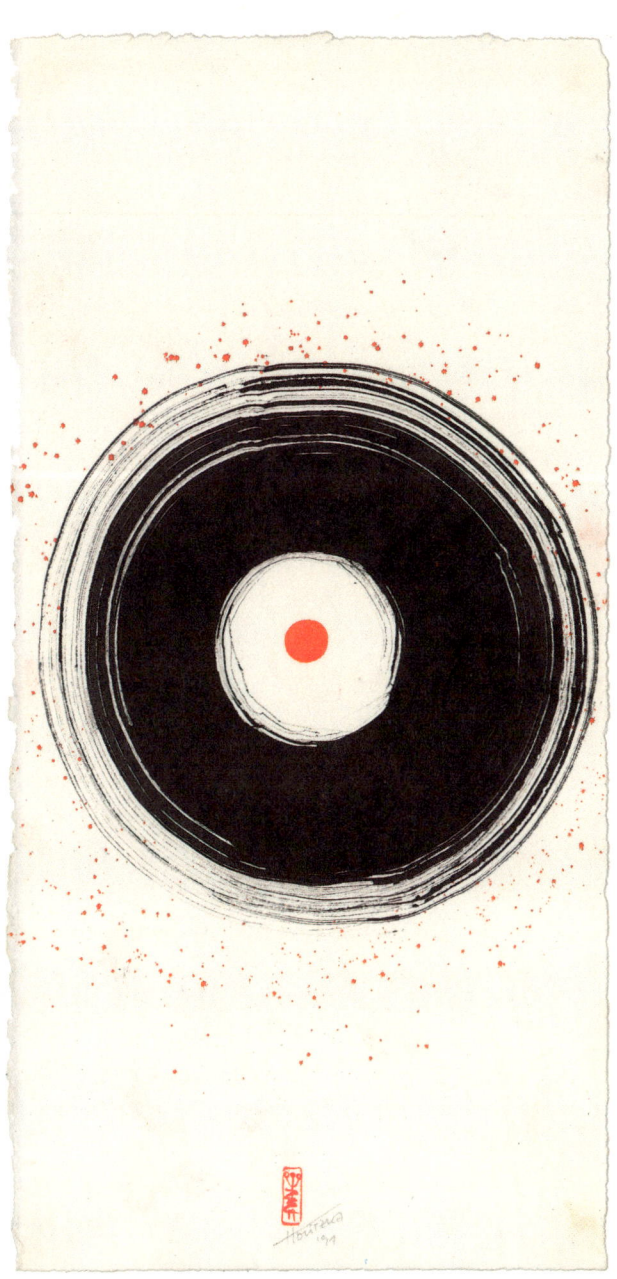

standen. Einige Schritte hinter ihm folgte ein junger Diener, der ihm sein Schwert trug. Eine Idee ging dem jungen Mann durch den Kopf: »Trotz seiner großen Geschicklichkeit könnte man meinen Meister der Fechtkunst leicht angreifen, so sehr scheint er von den Kirschblüten verzaubert.« Im selben Moment drehte sich Tajima no Kami um und suchte die Umgebung ab, wie um eine versteckte Person zu finden. Beunruhigt durchstöberte er den ganzen Garten bis ins letzte Eck. Als er nichts fand, zog er sich besorgt in seine Gemächer zurück. Schließlich fragte ihn ein anderer Diener nach seinem Befinden und ob er etwas wünsche. Tajima antwortete: »Ich bin sehr beunruhigt durch einen Vorfall, für den ich keine Erklärung finde. Durch meine langjährige Übung in den Kampfkünsten spüre ich jeden aggressiven Gedanken, der gegen mich gerichtet ist. Als ich mich gerade im Garten aufhielt, überkam mich dieses Gefühl. Doch außer meinem Diener war da niemand, nicht einmal ein Hund. Da ich diese Wahrnehmung nicht zu rechtfertigen vermag, bin ich unzufrieden mit mir selbst.« Als der junge Mann von den Sorgen seines Meisters erfuhr, trat an er ihn heran und gestand ihm die Gedanken, die er gehabt hatte, als er hinter seinem Meister herging. Demütig bat er um Vergebung. Sichtlich fiel die Anspannung von Tajima no Kami ab und er kehrte zufrieden in seinen Garten zurück.

Die drei Söhne des Bokuden

Eines Tages erhielt Bokuden, der große Meister der Fechtkunst, Besuch von einem befreundeten Meister seines Fachs. Um dem Freund seine drei Söhne auf gebührliche Weise vorzustellen und zugleich zeigen zu können, welches Niveau sie dank seiner Unterweisungen erreicht hatten, dachte sich Bokuden eine kleine List aus: Auf die obere Kante einer

Tür stellte er eine Vase, und zwar so, dass sie dem, der das Zimmer betrat, auf den Kopf fallen musste.

Nachdem er sich zusammen mit seinem Freund dieser Tür gegenüber bequem niedergelassen hatte, rief er den ältesten der Söhne. Am Eingang hielt dieser inne. Ganz langsam und vorsichtig öffnete er die Tür – und nahm vor dem Eintreten die Vase herunter. Beim Schließen der Tür platzierte er die Vase wieder an der gleichen Stelle und begrüßte die beiden Meister. »Das ist mein ältester Sohn«, sagte Bokuden lächelnd, »er hat bereits beachtliche Fortschritte gemacht auf seinem Weg zur Meisterschaft.«

Nun wurde der zweite Sohn gerufen. Als er die Tür öffnete, konnte er mit dem Kopf knapp der Vase ausweichen und sie gerade noch in der Luft auffangen. »Das ist mein zweiter Sohn«, erklärte Bokuden seinem Gast, »er hat noch einen langen Weg vor sich.«

Als der dritte Sohn an der Reihe war, trat dieser rasch ein, und erhielt prompt einen schweren Schlag von der Vase auf den Nacken. Doch bevor das Gefäß den Tatami berühren konnte, hatte er sein Schwert gezogen und das Gefäß in der Luft entzwei geschlagen. »Und das hier«, kommentierte der Meister, »ist mein jüngster Sohn. Er ist ein wenig das schwarze Schaf der Familie. Aber er ist ja noch jung.«

Das Auge des Kriegers

Tajima no Kami, großer Liebhaber des Nô-Theaters und Meister der Fechtkunst, war anlässlich einer Aufführung bei Hofe zugegen, um den Auftritt des größten Schauspielers dieser Kunst zu bewundern. Aufmerksam verfolgte er seine Darbietung, die sich durch einen hohen Grad an Selbstbeherrschung auszeichnete. Die Konzentration des Darstellers schien lückenlos, seine Gesten waren von einer Genauigkeit, wie man sie auch bei erfahrenen Kämpfern antrifft. Seit Beginn des Stückes hatte Tajima keinen Moment seine Augen von dem Schauspieler abgewendet. Da stieß er plötzlich einen Kiai in Richtung des Schauspielers aus, einen leisen, aber durchdringenden Schrei …

Ein Raunen ging durch die Zuschauermenge. Verwunderte Blicke wurden ausgetauscht. Der Shogun selbst drehte sich erstaunt zu Tajima um.

Sobald die Vorstellung beendet war, ließ er Tajima no Kami zu sich rufen, um ihn nach dem Grund für sein merkwürdiges Verhalten zu fragen. Der Meister sagte nur: »Sprecht mit dem Schauspieler; er weiß es.«

Tatsächlich gestand der Schauspieler: »Der Kiai kam genau in dem Moment, als ich eine Sekunde lang durch eine Bewegung hinter der Bühne abgelenkt war.«

Lückenlose Konzentration

Sen no Rikyu bleibt in Japan als der größte aller Meister der Teezeremonie in Erinnerung. Er stand in den Diensten von Hideyoshi, dem Kampaku (Regent), der damals das Land regierte.

Eines Tages, als Meister Rikyu eine Teezeremonie abhielt, bemerkte Hideyoshi zu seinen Generälen: »Achtet gut darauf, wie Rikyu den Tee zubereitet und ihr werdet feststellen, dass sein Körper von Ki erfüllt ist, seine Gesten sind präzise und gemessen, sie weisen nicht die kleinste Ungenauigkeit auf. Seine Konzentration ist lückenlos.«

Da kam dem berühmten General Kato Kiyomasa eine Idee: Um nachzuprüfen, ob das, was der Kampaku gesagt hatte, stimmte, wollte er den Offizianten mit seinem Fächer antippen, sobald sich eine Ungenauigkeit festmachen ließe. So richtete er also seine ganze Konzentration auf Sen no Rikyu, der ganz in seiner Nähe agierte. Nach einigen Minuten meinte der General, tatsächlich einen Fehler bemerkt zu haben, und wollte sein Zeichen mit dem Fächer geben. Genau in diesem Moment blickte ihm der Meister der Teezeremonie direkt in die Augen und lächelte.

Kiyomasa stockte der Atem. Sein Fächer fiel ihm aus der Hand.

Das unglaubliche Qi

In einer Provinzstadt lehrte einst ein Meister der Kunst des Faustkampfes, dessen Ruhm so weit reichte, dass kein Schüler weit und breit mit einem anderen Lehrer etwas zu tun haben wollte. Deshalb beschloss ein junger Experte des Fachs, der sich in der Gegend selbst als Lehrer etablieren wollte, den berühmten Meister herauszufordern. Dieser Vorherrschaft sollte ein Ende gesetzt werden.

Als der junge Mann sich bei der Schule des Meisters vorstellte, kam ein alter Mann an die Pforte und fragte ihn nach seinem Anliegen. Ohne zu zögern, gab der junge Mann Auskunft über sein Vorhaben. Sichtlich irritiert, versuchte der Greis ihm zu erklären, dass diese Idee in Anbetracht der furchtbaren Kampfkraft des Meisters selbstmörderisch sei.

Um den alten Schwätzer, der an seinen Fähigkeiten zweifelte, zu beeindrucken, ergriff der junge Mann ein herumliegendes Brett und schlug es mit seinem Knie entzwei. Der Alte blieb unerschütterlich. Doch auch der Besucher bestand darauf, mit dem Meister kämpfen zu dürfen, und drohte, alles kurz und klein zu schlagen, um seine Entschlossenheit unter Beweis zu stellen. Da bat ihn der gute alte Kerl, einen Moment zu warten, und verschwand.

Als er kurz darauf zurückkam, hatte er einen soliden Bambusstamm dabei. Den streckte er dem jungen Mann hin:

»Bambusstämme dieser Größe zerschlägt der Meister gewöhnlich mit einer Hand. Eure Forderung kann ich nur ernst nehmen, wenn ihr es ihm gleichtun könnt.« Nach einigem Bemühen, den Bambusstamm zu zertrümmern, musste der überhebliche Herausforderer vor Schmerzen in den Händen schließlich aufgeben. Verärgert behauptete er, kein Mensch könne ein solches Stück Bambus mit bloßen Händen zerschlagen. Der alte Mann beharrte darauf, der Meister könne dies sehr wohl. Noch einmal riet er dem Besucher von seinem Vorhaben ab: Hier sei er dem Meister nun einmal nicht ebenbürtig. Entnervt schwor der junge Mann, wiederzukommen und die Prüfung noch einmal zu absolvieren.

Zwei Jahre lang übte er intensiv den Faustschlag. Täglich trainierte er seine Muskeln und stählte seinen Körper. Seine Anstrengungen trugen Früchte und so stellte er sich schließlich selbstsicher ein weiteres Mal bei der Schule vor. An der Pforte empfing ihn der gleiche alte Mann wie damals.

Ungeduldig, mit der Prüfung zu beginnen, verlangte der junge Mann nach einem jener berüchtigten Bambusstämme und verkeilte das Stück, das er erhielt, zwischen zwei Steinen. Er konzentrierte sich ein paar Sekunden lang, und mit einem furchtbaren Schrei zerschlug er den Bambus.

Mit einem zufriedenen Lächeln auf den Lippen wandte er sich dem gebrechlichen Greis zu. Der schien ein wenig zu schmollen, erklärte dann aber: »Ich weiß, das ist unverzeihlich, aber ich fürchte, ich vergaß, ein Detail zu erwähnen: Der Meister zerschlägt den Bambus – ohne ihn zu berühren.« Außer sich vor Wut, rief der junge Mann, er glaube nicht an die Taten dieses Meisters, von dessen bloßer Existenz er sich noch nicht einmal habe überzeugen dürfen.

Nun nahm der alte Mann einen mächtigen Bambusstamm und hängte ihn mit einer Schnur an der Decke auf.

Nachdem er, den Blick auf den Bambus geheftet, tief durchgeatmet hatte, stieß er einen furchterregenden Schrei aus, einen Schrei, der aus dem tiefsten Inneren seines Seins kam; wie ein Schwert durchschnitt seine Hand die Luft – um fünf Zentimeter vor dem Bambus abzustoppen, ... der zerbarst.

Überwältigt von diesem Schauspiel, blieb der junge Mann einige Minuten lang sprachlos, wie versteinert. Schließlich entschuldigte er sich demütig bei dem alten Meister für sein verächtliches Verhalten und bat, ihn als Schüler anzunehmen.

Das Geheimnis der Wirkkraft

Obgleich Ito Ittosai als Fechtkunstlehrer bereits Berühmtheit erlangt hatte, war er keineswegs mit seinen Fähigkeiten zufrieden. Denn er bemerkte, dass er trotz seiner Anstrengungen seit einiger Zeit keine Fortschritte mehr gemacht hatte.

In seiner Verzweiflung beschloss er, dem Beispiel des Buddha zu folgen. Die Sutren berichten, wie dieser sich zum Meditieren unter einem Feigenbaum niedergelassen hatte, fest entschlossen, sich nicht mehr wegzubewegen, bis er nicht das letztgültige Verständnis des Seins und des Universums empfangen hätte. Mit dem Vorsatz, eher zu sterben als aufzugeben, war es ihm schließlich gelungen, sein Gelübde zu erfüllen: Ihm war die große Erleuchtung zuteil geworden.

So begab sich Ito Ittosai also in einen Tempel, um dort dem Geheimnis der Fechtkunst auf die Spur zu kommen. Sieben Tage und sieben Nächte lang meditierte er.

Zur Morgendämmerung des achten Tages gab er, erschöpft und entmutigt, nichts erfahren zu haben, auf.

Traurig machte er sich auf den Weg nach Hause. Alle Hoffnung, das große Geheimnis zu durchdringen, hatte er fahren lassen.

Beim Verlassen des Tempels schlug er einen Weg ein, der durch einen Wald führte. Doch schon nach wenigen Schritten spürte er eine bedrohliche Präsenz hinter seinem Rücken. Ohne zu überlegen, fuhr er herum, wobei er blitzschnell sein Schwert zog.

Gleich wurde ihm klar, dass seine spontane Bewegung ihm das Leben gerettet hatte: Zu seinen Füßen lag ein Bandit, seine Waffe hielt er noch in der Hand.

Der magische Mantel

Auf seinem Heimweg nach einem Besuch bei Freunden musste Yang Luchan spätnachts eines der berüchtigtsten Stadtviertel von Peking durchqueren; in der Hoffnung, missliche Begegnungen vermeiden zu können, beschleunigte er umsichtig seine Schritte.

Und gerade da erwartete ihn eine unangenehme Überraschung: An einer Straßenecke stieß er auf eine Gruppe von Strolchen, die ihm den Weg versperrten. Als er die Flucht ergreifen wollte, war der Rückweg bereits vom Rest der Bande versperrt. An die dreißig Kerle hatten ihn umzingelt, bewaffnet mit Stangen und Knüppeln. Yang Luchan versuchte gar nicht erst, Widerstand zu leisten. Schweigend ließ er sich seine Tasche abnehmen. Als die Schläge auf ihn einzuhageln begannen, fiel er, in seinen Mantel eingehüllt, zu Boden. Mit Fußtritten und Knüppelschlägen traktierten die üblen Gesellen den armen Yang. Eingepackt, wie er da lag, ähnelte er einem Übungssandsack. Angesichts des wie leblos hingestreckten Körpers meinten die Angreifer bald, dass er wohl genug habe, und machten sich davon.

Doch bereits am nächsten Tag spazierte Yang Lu-chan durch die Straßen, als sei nichts geschehen. Seelenruhig ging er seinen alltäglichen Beschäftigungen nach. Keinerlei Spuren der Schläge vom Vorabend waren zu erkennen. Doch das Überraschendste an dieser Geschichte ist, was mit den Angreifern passierte: Einige von ihnen blieben an diesem Tag ans Bett gefesselt. Diejenigen, die den Mantel von Yang direkt berührt hatten, waren sogar einige Tage lang wie gelähmt.

Yang Luchan (1799–1872) war der berühmteste Tai-Chi-Meister seiner Zeit. Trotz zahlreicher Herausforderungen wurde er nie besiegt. Offensichtlich hatte Yang bei diesem nächtlichen Hinterhalt, um nicht den Tod eines seiner Angreifer zu riskieren, die Schläge ganz bewusst mit Hilfe seines »magischen Mantels« abgefangen, ohne zum Gegenangriff überzugehen.

In China heißt es über solche Meister, sie hätten ein so hohes Niveau erreicht, dass die Stärke ihres Qi, der inneren Energie, ihren Körper unverletzlich macht, geschmeidig wie Baumwolle und unfassbar. Wird man hingegen selbst berührt, bekommt man die Kraft eines Berges zu spüren und ist paralysiert wie durch einen starken Stromschlag.

Wie der Schmied, so die Waffe

»Das Schwert ist die Seele des Samurai«, heißt es in einer der ältesten Maximen des Bushido, dem »Weg des Kriegers«. Als Symbol der Männlichkeit, der Loyalität und des Mutes ist das Schwert die bevorzugte Waffe des Samurai. Aber in der japanischen Tradition stellt das Schwert mehr als ein Furcht einflößendes Instrument und mehr als ein philosophisches Symbol dar: Es ist eine magische Waffe. Je nach Persönlichkeit des Schmiedes und Besitzers kann es unheilvoll wirken oder wohltuend. Das Schwert ist die Verlängerung derer, die sich seiner bedienen, und auf geheimnisvolle Weise fließen ihre Schwingungen in die Waffe ein.

Unter dem Einfluss des Schintoismus sahen die Japaner in früheren Zeiten in der Herstellung des Schwertes nichts Geringeres als eine alchemistische Arbeit, bei der die innere Harmonie des Schmiedes eine größerere Bedeutung erlangt als seine technischen Fertigkeiten. Bevor er mit dem Schmieden begann, verbrachte ein Meister der Waffenschmiedekunst gewöhnlich mehrere Tage mit Meditationen, um dann noch Reinigungszeremonien – Waschungen mit kaltem Wasser – an sich vorzunehmen. Ganz in Weiß gekleidet, machte er sich schließlich an die Arbeit – um unter den bestmöglichen Bedingungen innerer Ausgeglichenheit eine Waffe von hoher Qualität herzustellen.

Anfang des 14. Jahrhunderts erlangten zwei Waffenschmiedemeister namens Masamune und Murasama besondere Berühmtheit. Murasama war ein verschlagener und wenig Vertrauen erweckender Mensch mit gewalttätigem Charakter. Er stand in dem unheilvollen Ruf, Waffen zu produzieren, die ihre Besitzer in blutige Kämpfe trieben, manchmal sogar ihre eigenen Besitzer verletzten. Diese Waffen waren durstig nach Blut und wurden schnell als unheilvoll berühmt-berüchtigt. Masamune dagegen war ein Schmied von ausgeglichener Heiterkeit, der stets mit besonderer Sorgfalt ein Ritual der Selbstreinigung durchführte, bevor er seine Klingen bearbeitete. Seine Waffen werden heute als die besten im ganzen Land gerühmt.

Eines Tages legte ein Mann, der den Unterschied zwischen der Herstellungsweise der beiden Waffenschmiede testen wollte, ein Schwert von Murasama in einen Bach. Prompt wurden alle Blätter, die mit der Strömung auf der Wasseroberfläche dahergetrieben kamen, entzweigeschnitten. Da-

nach legte der Mann ein Schwert von Masamune an dieselbe Stelle im Wasser. Die Blätter schienen der Klinge auszuweichen. Kein einziges wurde zerschnitten, alle glitten sie an der Klinge entlang, ohne Schaden zu nehmen – als habe die Klinge sie schonen wollen.

So sprach der Mann sein Urteil: »Die Klinge von Murasama ist schrecklich, die von Masamune menschlich.«

Im Angesicht des Berges

»Solange ihr den Berg nicht zu besteigen
vermögt, werdet ihr den Weg nicht finden.«

Wei Guan

Die fernöstlichen Traditionen sagen uns, die Suche nach dem Weg gleiche dem Erklimmen eines hohen Berges. Wer sich dazu entschlossen hat, wird sich einen Hang auswählen und einen Führer wählen, der ihm den Weg weisen kann. Diese Entscheidungen sind determinierend. Ist der Berg zu steil oder der Führer unerfahren, können die Folgen furchtbar sein. Umgekehrt ist ein Erfolg auch mit dem besten Führer nicht garantiert. Zahlreich sind die Hindernisse, schmerzlich die erforderlichen Anstrengungen. Ein großer Kampf ist unvermeidlich: ein ungeheurer Zweikampf mit dem Berg. Die Muskeln spannen sich an, die Finger krallen sich am Felsen fest. Jede Bewegung muss mit Genauigkeit und wohl überlegt durchgeführt werden. Nichts darf dem Zufall überlassen bleiben. Ein falscher Schritt bedeutet den Absturz.

Doch worin besteht die Faszination dieser anhaltenden Herausforderung, ständig zwischen Gipfel und Abgrund zu wandeln, zwischen Leben und Tod?

Wer den Gipfel herausfordert weiß oder etwas in ihm weiß, dass der große Kampf in einem selbst stattfindet. Der Berg ist nur ein Vorwand. Er bietet dem Menschen die Gelegenheit, sich selbst gegenüberzustehen, sich selbst zu überwinden. Setzt man sich den Schwierigkeiten aus, finden sich der nötige Wille und die Energien zur persönlichen Entwicklung. Jede Prüfung ist in Wirklichkeit eine Hilfe auf dem Weg. »Will der Himmel den Menschen mit einer wichtigen Mission betrauen, füllt er dessen Herz zunächst einmal mit Bitterkeit, verwirrt sein Denken und bringt seine Vorhaben völlig durcheinander. So zwingt er ihn, sich im Gebrauch all seiner Glieder und Muskeln zu üben. Er lässt ihn Hunger und allerlei anderes Leid erfahren. Wenn der

Mensch wieder aus dieser Talsohle aufgestiegen ist und alle
Prüfungen des Schicksals gemeistert hat, gelingen ihm Dinge, die er vorher nicht einmal zu versuchen gewagt hätte.«
Dieses Zitat von Mengzi* enthält genaue Vorstellungen über
den Sinn des Lebens.

Was ist der Spieleinsatz bei diesem inneren Kampf? Für die
Meister sind die wirklichen Hindernisse, denen der Schüler
begegnet, in seiner künstlichen Persönlichkeit begründet.
Normalerweise ist der Mensch in einem Kokon körperlicher
und mentaler Gewohnheiten verstrickt, seine Sicht der Welt
durch Illusionen verzerrt. Er lebt derart abgetrennt von seinem tiefsten Wesen, dass er dessen Möglichkeiten nicht auszuschöpfen vermag. Die Arbeit, die es zu verrichten gilt, besteht also darin, die Blockaden – körperlicher und psychi-
scher Art – aufzubrechen, damit sich die schlummernden
Fähigkeiten frei entfalten können. Das Budo, der Weg des
Kampfes, hat, wie jeder authentische Weg, die Wiederherstel-
lung der wahren Persönlichkeit zum Ziel. Aber diese Verwirklichung des Selbst kann nur in einem erbarmungslosen
Kampf gegen die eigenen Fehler, Schwächen und Illusionen
gelingen. Will man die inneren Hindernisse überwinden,
muss man die Geduld aufbringen, die eigenen Fehler unnachgiebig anzugehen und sich ihnen entgegenzustellen. In
die gefährlichen Fallen Hochmut, Feigheit, Ungeduld, Zwei-
fel – allesamt durch Illusionen genährt – sind schon viele ge-
tappt. Der Pfad ist gewunden, lang und schwierig. Sich nicht
entmutigen zu lassen und durchzuhalten ist, trotz allem,
trotz seiner selbst, einer der Schlüssel zum richtigen Weg.

Man darf, wie D.T. Suzuki sagt, nicht vergessen, dass
»derjenige, der nicht das Brot der Trauer gegessen hat, nie
den Geschmack des wahren Lebens kennen wird«.

---

*Auch Meng-tzu, Menzius, chines. Philosoph, 372–289 v. Chr.,
bildete die Ethik des Konfuzianismus fort (Anm. d. Übers.).

Gar nicht so dumm

Yagyu Tajima no Kami hatte einen Affen als Haustier, der häufig zugegen war, wenn der Meister seine Schüler im Schwertkampf unterrichtete. Seiner Natur entsprechend, war der Affe dem Lernen durch Imitation besonders zugeneigt, und so lernte er das Fechten so gut, dass er bald als Experte der Disziplin galt.

Eines Tages kam ein fahrender Krieger zu der Schule und bat Tajima no Kami in aller Freundschaft darum, sich in der Kunst des Lanzenkampfes mit ihm messen zu dürfen. Der Meister meinte, er solle zuerst mit seinem Affen kämpfen. Zwar fühlte sich der Besucher ein wenig herabgesetzt, willigte jedoch ein.

Sofort griff der Krieger den mit einem Shinai (Bambusschwert) bewaffneten Affen mit seiner Lanze an. Geschickt wich das Tier den Schlägen und Stößen aus. Beim Gegenangriff gelang es dem Affen, sich dem Krieger zu nähern und ihm einen Schlag zu versetzen. Bevor der Krieger zurückweichen konnte, um mit seiner Lanze eine Verteidigungshaltung einzunehmen, sprang der Affe auf den Griff der Lanze und riss sie dem Kämpfer blitzschnell aus den Händen.

Als der Krieger, beschämt durch seine Niederlage, vor Tajima no Kami trat, kommentierte dieser lakonisch: »Von Anfang an wusste ich, dass ihr nicht gegen den Affen gewinnen würdet.«

Nach diesem Kampf besuchte der Krieger den Meister lange Zeit nicht mehr. Erst einige Monate später tauchte er wieder auf – und äußerte prompt den Wunsch, noch einmal mit dem Affen kämpfen zu dürfen. Der Meister vermutete sofort, dass der Krieger hart trainiert haben musste, und er wusste, dass der Affe aus derselben Ahnung heraus den Kampf ablehnen würde. Deshalb kam er dem Wunsch des Besuchers nicht nach. Da dieser sich aber nicht von seinem Vorhaben abbringen lassen wollte, stimmte der Meister schließlich doch zu.

Sobald der Affe den Krieger erblickte, warf er seine Waffe weg und rannte schreiend davon.

Auch diesmal bemerkte Yagyu Tajima no Kami nur trocken: »Habe ich es euch nicht gesagt?«

Wenig später empfahl er einem Freund, den Krieger in seine Dienste aufzunehmen.

Eine rasche Unterweisung

Selbst Sohn eines berühmten Fechtmeisters, war Matajuro Yagyu in seinen Leistungen doch zu mittelmäßig, als dass er jemals die Meisterschaft hätte erlangen können. So lehnte der Vater die Unterrichtung seines eigenen Sohnes ab.

Da Matajuro aber unbedingt Meister der Fechtkunst werden wollte, machte er sich auf den Weg zum Berg Futara, um dort Meister Banzo um Unterweisung zu bitten. Doch Banzo konnte das Urteil des Vaters nur bestätigen: »Du genügst den Anforderungen einfach nicht.«

»Wenn ich bereit bin, über Jahre hinweg sehr hart zu arbeiten, wie lange werde ich dann brauchen, um die Meisterschaft zu erlangen?«, insistierte der junge Mann.

»Dein ganzes Leben«, antwortete Banzo.

»So lange kann ich nicht warten. Ich bin bereit, die härteste Arbeit auf mich zu nehmen, wenn ihr mich als Schüler akzeptiert. Falls ich euer ergebener Diener werde, wie lange dauert die Ausbildung dann?«

»Oh, etwa zehn Jahre«, entgegnete der Meister ruhig.

»Aber ihr wisst doch, dass mein Vater alt ist und ich bald für ihn werde sorgen müssen. Wenn ich also noch intensiver arbeite, in wie vielen Jahren kann ich es dann schaffen?«

»Na ja, vielleicht in dreißig Jahren.«

»Was soll das heißen!? Zuerst zehn, dann dreißig Jahre. Glaubt mir, ich bin bereit, alle erdenklichen Schwierigkeiten auf mich zu nehmen, sofern ich nur so schnell wie möglich Meister der Fechtkunst werden kann!«

»Nun gut, wenn das so ist, musst du siebzig Jahre lang bei mir bleiben. Ein Mann, der es so eilig hat, Ergebnisse zu erzielen, wie du, lernt nie schnell«, erklärte Banzo.

»Also gut«, antwortete Matajuro, der endlich begriffen hatte, dass er für seine Ungeduld getadelt worden war, »ich werde euer Diener sein.«

In der folgenden Zeit war es Matajuro verboten, vom Fechten auch nur zu sprechen und ein Schwert zu berühren. Er diente dem Meister, kochte für ihn, führte seinen Haushalt für ihn, kümmerte sich um seinen Garten – all das, ohne ein Wort über die Fechtkunst verlieren zu dürfen. Nicht einmal den anderen Schülern bei ihrem Unterricht zuzusehen war ihm erlaubt.

So vergingen drei Jahre. Immer noch verrichtete Matajuro seine Arbeit und dachte oft an sein schweres Los, niemals die Kunst erlernen zu dürfen, der er sein Leben hatte widmen wollen.

Eines Tages, als er gerade aufräumte und einmal mehr seinen traurigen Gedanken nachhing, schlich sich Banzo von hinten an – und versetzte ihm einen fürchterlichen Schlag mit einem Holzschwert. Am folgenden Tag – Matajuro war gerade dabei, den Reis zu kochen – griff ihn der Meister noch einmal völlig überraschend an. Von diesem Tag an musste Matajuro Tag und Nacht gegen die Angriffe seines Meisters gewappnet sein.

Ständig musste er auf der Hut sein, um nicht das Schwert seines Meisters zu spüren zu bekommen. Sehr bald lernte er, dank Konzentration, Schnelligkeit und einer Art sechstem Sinn, den Schlägen Banzos zu entgehen. Eines Tages, ungefähr zehn Jahre nach seiner Ankunft, verkündete ihm der Meister, dass er ihm nun nichts mehr beibringen könne.

Der Wissensdieb

Obwohl Yang Luchan Anfang des 19. Jahrhunderts in einer Bauernfamilie aus Hebei aufwuchs, hatte er immer nur eine Leidenschaft gehabt: Quanshu, die Kunst des Faustkampfes. Da er von Kindesalter an fleißig Kampfkunstschulen besucht hatte, war er früh zu einem angesehenen Experten geworden. Aber was er erlernt hatte, genügte ihm noch nicht. Er wusste, dass die Kunst des Faustkampfes seit der Zerstörung des Shaolin-Klosters zu einem Kampfsport geworden war, bei dem zu großes Gewicht auf technische Anleitungen und Muskelkraft gelegt wurde. Trotz ausgiebiger Suche in allen Winkeln von Hebei war kein Meister zu finden, der ihn die wirkliche Kampfkunst hätte lehren können – diejenige, die in den Weg der Harmonie mündet.

Erst als er von Tai Chi Chuan hörte, der Kampfkunst, die in der Provinz Henan immer mehr Verbreitung fand, schöpfte er neue Hoffnung. Yang Luchan entschloss sich, sein Elternhaus und seinen Freundeskreis hinter sich zu lassen, und brach zu einem Fußmarsch von mehr als 800 Kilometern auf, um in die Heimat der Kunst zu gelangen, die so viel versprechend schien. Auf jede nur erdenkliche Art und Weise versuchte er, Zugang zu den geschlossenen Kreisen zu bekommen, in denen Tai Chi praktiziert wurde. In den Unterhaltungen mit gut informierten Leuten schnappte er immer wieder einen Namen auf: den von Meister Chen Changxing. Von dem Mann hieß es damals, er habe das höchste

Kung-Fu, das heißt die größte Erfahrung. Doch leider unterrichtete Meister Chen nur Mitglieder seiner eigenen Familie, und zwar streng geheim.

Nun war Yang aber davon überzeugt, aufgrund seiner langen Reise und der vielen Strapazen, die er auf sich genommen hatte, durchaus verdient zu haben, bei einem der großen Meister zu lernen. So dachte er sich eine List aus: Durch geschicktes Vorgehen gelang es ihm, eine Stelle als Diener der Familie Chen zu bekommen. Seine Arbeit organisierte er stets so, dass er heimlich den familiären Unterricht des Meisters beobachten konnte. Sorgfältig versteckt, verfolgte er Tag für Tag genau jede Bewegung des Alten, aufmerksam lauschte er seinen Worten und Ratschlägen. Nachts, wenn alle anderen schliefen, übte er, was er tags gesehen hatte. Immer wieder ging er die Bewegungsabläufe der letzten Tage für sich allein durch.

Einige Monate lang konnte er seinen Privatunterricht fortsetzen, ohne Verdacht zu erregen. Eines Tages wurde er schließlich doch ertappt. Als man ihn zum Meister schleppte, musste Yang das Schlimmste befürchten. Tatsächlich schien der alte Mann sehr erbost und seine Stimme verriet eine gewisse Aufregung:

»Nun, junger Mann, es scheint, ihr habt unser Vertrauen missbraucht. Mit dem einzigen Ziel, heimlich unserem Unterricht zu folgen, seid ihr hier vorstellig geworden, oder?«

»Ja, das stimmt«, gab Yang zu.

»Ich weiß noch nicht, was ich mit euch machen soll. Doch während ich darüber nachdenke, würde ich gerne erfahren, was ihr unter diesen besonderen Bedingungen lernen konntet. Würdet ihr mir bitte eine Demonstration eurer Kenntnisse geben?«

In Anbetracht des Bewegungsablaufs, den Yang nun mit großer Konzentration und zugleich vollkommen flüssig durchführte, war Chen geradezu erschüttert – so perfekt hatte der junge Mann seine Kunst erlernt und übte sie nun in seinem Sinn aus. Er fasste sich jedoch und versuchte seine Gefühle nicht zu zeigen; eine ganze Weile schwieg er, um dann zu erklären:

»Es wäre dumm, euch mit dem bisschen, was ihr gelernt habt, ziehen zu lassen. Ihr könntet den Ruf meiner Familie schädigen, indem ihr unsere Kunst auf eine unvollständige Weise zur Schau stellt. Das Beste wäre, ihr würdet so lange hier bleiben, bis ihr die Lehrzeit beendet habt, und diesmal unter meiner Aufsicht!«

Mehrere Jahre verbrachte Yang noch im Kreis der Familie Chen, und immer tiefer drang er in das Wissen um die höchste Kunst des Tai Chi ein. Nach langer Lehrzeit und mit dem Segen des alten Meisters verließ er schließlich den Ort seiner Studien, um in seine Provinz zurückzukehren.

In Peking, wo er sich später niederließ, um seine Kunst zu lehren, nannte man ihn nur den »unübertroffenen Yang«. Tatsächlich blieb er trotz oftmaliger Herausforderung durch andere Meister oder junge Könner unbezwungen. Seine Kämpfe trugen zum hohen Ansehen von Tai Chi Chuan bei – zumal er seine Gegner stets besiegte, ohne sie zu verletzen.

Der Meister der Drei Bergspitzen

Zhang Sanfeng, der Meister der Drei Bergspitzen, war von hoher Statur, schlank und hatte eine robuste Konstitution. Er war von Furcht erregendem Aussehen: Sein Gesicht wirkte zugleich rund und eckig, sein struppiger Bart glich einem Wald von Hellebarden. Ein Haarknoten thronte auf seinem Kopf. Trotz seiner Respekt einflößenden kriegerischen Gestalt strahlte sein Blick allerdings Sanftmut und Güte aus.

Sommer wie Winter trug er das gleiche Gewand aus geflochtenem Bambus und hatte meistens einen Fliegenwedel aus Rosshaar bei sich.

Von Wissensdurst geprägt, verbrachte er den größten Teil seines Lebens auf Reisen in den Gebirgen von Sichuan, Shanxi und Hubei. Er besuchte die Zentren daoistischer Weisheit, wanderte von einem Kloster zum nächsten und übernachtete in schwer zugänglichen Heiligtümern und Tempeln an steilen Abhängen. Schon früh war er von daoistischen Meistern in Meditationstechniken unterwiesen worden. Wo er hinkam, studierte er die heiligen Bücher und erforschte unermüdlich die Geheimnisse des Universums.

Eine Tages – er hatte bereits mehrere Stunden in völliger Stille meditiert – hörte er einen wunderbaren, geradezu übernatürlichen Gesang. Als er sich umschaute, fiel sein Blick auf einen Vogel, der auf einem Zweig saß und aufmerksam den Boden beobachtete. Zu Füßen des Baumes hatte eine Schlange ihren Kopf zum Himmel hoch aufgerichtet. Die Blicke des Vogels und der Schlange trafen sich, die beiden starrten einander an. Plötzlich flog der Vogel mit einem durchdringenden Geschrei auf die Schlange zu und fing an, mit seinen Krallen und seinem Schnabel auf sie einzuhacken. In verwirrenden Wellenbewegungen und mit unglaublicher Eleganz wich die Schlange den brutalen Angriffen des Vogels aus. Erschöpft von seinen vergeblichen Angriffen, zog sich der Vogel auf seinen Ast zurück, um wieder zu Kräften zu kommen. Dann griff er aufs Neue an. Doch wieder führte die Schlange ihren kreiselnden Tanz auf – der sich mehr und mehr in einen Wirbel unfassbarer Energie verwandelte.

Der Überlieferung zufolge inspirierte diese Szene Zhang Sanfeng bei der Erfindung des Wudangpai, dem Stil der »weichen Hand«, der nach weiterer Ausarbeitung durch mehrere Generationen von daoistischen Kampfkünstlern schließlich zum Tai Chi Chuan wurde.

Deshalb haben die Bewegungen des Tai Chi weder Anfang noch Ende. Sie sind schmiegsam wie ein Seidenfaden und sie fließen ununterbrochen wie die Wasser des Yangzi.

Das Bild Asaris

Im Alter von 27 Jahren hatte Yamaoka Tesshu als Schwertfechter bereits eine gewisse Berühmtheit erlangt. Eines Tages forderte er den großen Asari Matashichiro zum Kampf heraus. Doch es war ein kurzes Duell, denn schnell entwaffnete Asari seinen jungen Gegner.

Zunächst einfach nur überrascht, verfiel Yamaoka bald in Schwermut. Weniger die Niederlage als solche stimmte ihn traurig als vielmehr die Erkenntnis, wie sehr es ihm noch an spiritueller Reife fehlte. Angespornt durch dieses Erlebnis, widmete er seine ganze Zeit und Konzentration dem Training der Fechtkunst (Kenjutsu) und der Sitzmeditation (Zazen).

So vergingen zehn Jahre. Neugierig zu erfahren, was er mit seinem intensiven Training erreicht hatte, suchte er Asari nach all der Zeit noch einmal auf und forderte ihn heraus. Doch auch im Lauf dieses zweiten Kampfes musste er feststellen, wie sehr ihm sein Gegner überlegen war: Paralysiert durch die Meisterschaft, die Asari ausstrahlte, gab er sich vorzeitig geschlagen.

Diese zweite Begegnung ging Yamaoka nicht mehr aus dem Kopf. So besessen war er, dass ihn Asaris Bild regelrecht verfolgte, ein Bild, das ihm immerfort seine Mittelmäßigkeit in Erinnerung rief. Doch fern des Gedankens aufzugeben, intensivierte er sein Training und ging ganz in der Beschäftigung mit der Fechtkunst und der Meditation auf.

Und schließlich, nach sieben weiteren Jahren und einer tiefgreifenden spirituellen Erfahrung, stellte er eines Tages tatsächlich fest, dass ihn das Bild Asaris nicht mehr quälte.

So entschloss er sich, ein letztes Mal einen Wettkampf mit Asari auszufechten.

Asari ließ ihn zunächst mit einem seiner Schüler kämpfen. Der musste sich allerdings sehr schnell geschlagen geben. So traten die beiden Männer zum dritten Mal gegeneinander an. Lange blickten sich die beiden gegenseitig in die Augen und musterten einander aufmerksam. Da senkte Asari plötzlich sein Schwert und erklärte: »Ihr seid soweit, endlich seid ihr auf dem Weg.«

Wie das Äußere täuschen kann

*»Wenn der Adler sich beim Angriff hinab-
stürzt, hat er die Flügel nicht ausgebreitet.
Kurz vor seinem Sprung auf die Beute macht
sich der Tiger ganz klein, hat die Ohren angelegt. Ebenso lässt beim Weisen nichts darauf
schließen, dass er an dem Punkt zu handeln
angelangt ist.«*

Funakoshi Gishin

Seinen Gegner zu unterschätzen kommt dem Verlust eines Schatzes gleich«, heißt es in einem chinesischen Sprichwort. Wer das Spiel des Gegners spielt, hat tatsächlich schon verloren. Zahlreiche erfahrene Kämpfer haben ihr Ansehen einigen Finten und Geheimwaffen zu verdanken, die sie geschickt einzusetzen wussten. Es gibt ein wahres Waffenarsenal an listigen Ideen, Taktiken, Streichen und Attrappen aller Art. Der Gegner kann zurückweichen, um seinen Angriff besser zu planen, er kann zögern, um dann mit Entschlossenheit zu überraschen, sich schwach und unerfahren geben, obwohl er ein mächtiger Kämpfer ist. Beim berühmten »Stil des Betrunkenen« basiert die ganze Methode auf folgender Idee: Die Schüler üben, mit ungeschickten und ungenauen Bewegungen Betrunkene zu spielen, um dem Gegner sein Misstrauen zu nehmen. Sie ziehen letztlich ihren Nutzen daraus, indem sie, völlig unerwartet, mit größter Genauigkeit ihre Schläge platzieren.

Auch Miyamoto Musashi, der als der wohl berühmteste Samurai trotz mehr als sechzig Kämpfen (zum Teil allein gegen zehn Angreifer) ruhig in seinem Bett starb, gibt in seiner »Abhandlung über die fünf Ringe« Ratschläge zu dieser Strategie. Er erklärt etwa: »Alles gehorcht dem Prinzip der Übertragung. Müdigkeit überträgt sich, ein Gähnen auch … Während eure Gegner sich vor Aufregung regelrecht zu überschlagen scheinen, nehmt eine gleichgültige, nachlässige Haltung ein. Es wird eine Wirkung auf sie haben und ihre Aufmerksamkeit wird nachlassen. Genau in diesem Moment greift ihr schnell und entschlossen an.«

Viele große Meister des Budo haben sich auch hinter dem Äußeren einer »harmlosen« Persönlichkeit versteckt, um der Neugier der Leute und einem Rummel um ihre Person zu entgehen. Einige unter ihnen ließen sich lieber demütigen und als Schwächlinge bezeichnen, als auf unsinnige Provokationen einzugehen. Von großem Respekt vor dem Leben erfüllt, kämpften sie nur, wenn es unvermeidlich war.

Einen Meister zu erkennen ist also nicht immer eine einfache Aufgabe und viele sind einem ganz großen begegnet, ohne es überhaupt zu merken. Sie machten ihr Urteil an einer wenig spektakulären Erscheinung fest und kamen so nicht über eine äußerliche und oberflächliche Betrachtungsweise hinaus. Der größte Gegner, jener, der uns in die Falle der Äußerlichkeiten tappen lässt – ist es letztlich nicht jener, der in unseren eigenen Illusionen wurzelt?

Zahlreiche Kämpfer, darunter einige durchaus sehr fortgeschrittene, haben sich auf ihre Körperkraft verlassen, auf ihr technisches Wissen. Dabei meinten sie oft, bereits höchstes Niveau, ja, die Meisterschaft erlangt zu haben. Mit dem sicheren Gefühl, am Ziel zu sein, nichts mehr lernen zu müssen, entwickelten sie sich nicht mehr weiter und lernten nie ihre wirkliche Leistungsfähigkeit kennen – die mit dem Alter keineswegs ab-, sondern vielmehr zunimmt.

»Die Sandale hinterlässt eine Spur, aber ist die Spur die Sandale?«

»Für den Unwissenden scheint der Edelstein nichts weiter als ein Kieselstein.«

(Fernöstliche Sprichwörter)

Die Wette des alten Kriegers

Fasziniert erzählte der Lehnsherr Naoshige seinem ältesten Samurai, Shimomura Shoun, einmal: »Für sein Alter hat der junge Katsushige beeindruckend viel Kraft und Durchsetzungsvermögen. In Kämpfen mit seinen Kameraden schlägt er auch um einiges ältere.«

»Ich mag nicht mehr der Jüngste sein, aber ich gehe jede Wette ein, dass er mich nicht besiegen kann«, antwortete der alte Shoun.

Da wollte sich Naoshige einen Spaß daraus machen, dieses Duell zu organisieren. Noch am selben Abend fand die Begegnung im Hof seines Anwesens in Gegenwart einiger Samurai statt, die neugierig waren zu sehen, wie es dem alten Witzbold Shoun ergehen würde.

Von Anfang an attackierte der junge kräftige Katsushige seinen schmächtigen Gegner und packte ihn sofort mit festem Griff, entschlossen, ihn wie eine halbe Portion zu behandeln. Mehrmals stürzte Shoun beinahe auf den staubigen Boden. Doch zur allgmeinen Überraschung fing er sich jedes Mal im letzten Moment.

Außer sich vor Wut, warf sich der junge Kämpfer mit aller Kraft auf den Alten – doch ebendiese Wut und den Schwung des Angreifers nützte Shoun geschickt aus, um ihn aus dem Gleichgewicht zu bringen und zu Boden zu werfen.

Nachdem er seinem völlig verwirrten Gegner wieder aufgeholfen hatte, wandte sich Shoun an seinen Herrn Naoshige: »Stolz auf seine Kraft zu sein, wenn man sein Feuer noch nicht beherrscht, gleicht einem öffentlichen Lob der eigenen Fehler.«

Das Gesetz des Gleichgewichts

Anfang des 20. Jahrhunderts wollte ein Europäer, der in Japan zu tun hatte, die Gelegenheit nützen, die berüchtigte Kampfkunst Jujutsu zu erlernen. So wandte er sich an einen berühmten Lehrer.

Doch auch nach der dritten Stunde war er noch in keinerlei Kampftechnik unterrichtet worden. Er hatte vielmehr immer wieder sehr langsame Bewegungen konzentriert durchführen müssen. Etwas enttäuscht fragte er also seinen Meister: »Entschuldigt, aber seitdem ich bei euch bin, habe ich noch keine Übung gemacht, die auch nur entfernt etwas mit einer Kampfhandlung zu tun hatte.«

»Setzt euch bitte«, antwortete der Meister nur.

Nachlässig setzte sich der Europäer auf den Tatami; ihm gegenüber nahm der Meister Platz.

»Wann werdet ihr damit beginnen, mich in Jujutsu zu unterrichten?«

Lächelnd entgegnete der Meister:

»Sitzt ihr gut?«

»Ich weiß nicht, gibt es eine bestimmte Art, gut zu sitzen?«

Als Antwort zeichnete der Meister mit seiner Hand seine eigene Sitzhaltung in die Luft, der Rücken gerade, der Kopf als Verlängerung der Wirbelsäule.

»Hört, Meister«, fuhr der Europäer fort, »ich bin nicht zu euch gekommen, um sitzen zu lernen.«

»Ich weiß«, sagte der Meister geduldig, »ich weiß, ihr wollt lernen zu kämpfen. Aber wie wollt ihr kämpfen, ohne über einen ausgeprägten Gleichgewichtssinn zu verfügen?«

»Ich sehe wirklich nicht den Zusammenhang zwischen dem Sitzen und dem Kämpfen.«

»Wenn ihr nicht einmal im Sitzen, das heißt in der einfachsten Haltung überhaupt, euer Gleichgewicht halten könnt, wie wollt ihr es dann in den unterschiedlichen Situationen des Lebens bewahren, ganz zu schweigen vom Kampf?«

Während er dies sagte, näherte er sich seinem erstaunten Schüler und schob ihn sanft an. Der Europäer kippte einfach um. Daraufhin forderte der Meister, immer noch sitzend, seinen Schüler dazu auf, ihn umzustoßen. Der schob seinen Meister zunächst sanft mit einer Hand an, dann mit zwei Händen, um sich schließlich mit aller Kraft gegen den Meister zu stützen – ohne Erfolg. Da verlagerte der Meister plötzlich sachte sein Gewicht, woraufhin der andere nach vorne kippte und der Länge nach auf dem Tatami landete.

Lächelnd erklärte der Meister:

»Ich hoffe, ihr beginnt die Bedeutung des Gleichgewichts zu erkennen.«

Das Geheimnis des kleinen Mönches

Im Jahr 1650 ließ sich ein chinesischer Mönch namens Chen Yuanpin in der Gegend von Edo (heutiges Tokio) nieder. Er hatte das Meer überquert, um in Japan Kalligrafie und Dichtkunst zu lehren. Zurückgezogen lebte er in einem Nebengebäude des Kokushoji-Tempels und trat nur zum Unterrichten an die Öffentlichkeit. Diskret wie eine Katze, still wie die Oberfläche eines Teiches, schien der alte Bonze zerbrechlich wie eine Jadelampe.

Wie Lotusblüten wuchsen die Gedichte aus seinem Mund, zwischen seinen zarten Fingern tanzte der Pinsel, um reine Harmonie hervorzubringen. Bald wurde Chen Yuanpin von dem Shogun entdeckt und in dessen Dienste aufgenommen. So unterwies der Bonze die jungen Adeligen und Würdenträger des Hofes in seiner Kunst. Er lehnte es aber ab, im Palast Quartier zu nehmen. Die Stille seiner Bleibe war ihm lieber als das aufwendige Leben am Hof.

Auf seinem Weg zu seinen Schülern begegnete er am Hof oft den rauen Samurai, die ihm misstrauische Blicke zuwarfen. Hinter vorgehaltener Hand beschuldigten sie den Mönch, zur Verweichlichung der jungen Adeligen beizutragen, die doch eigentlich zum Kriegshandwerk bestimmt waren: Schlachten gewinnt man nicht mit einem Pinsel in der Hand, Gedichte säuselnd, den Kopf voll mit Philosophie! Diskret wie eine Katze, still wie die Oberfläche eines Teiches, zerbrechlich wie eine Jadelampe, setzte Chen Yuanpin seinen Weg fort, auf seinem Gesicht ein geheimnisvolles Lächeln.

Eines Abends machte sich der Mönch nach einem langen Arbeitstag im Palast gerade auf den Weg zum Kokushoji-Tempel, der ein gutes Stück weit außerhalb der Stadt gelegen war. Begleitet wurde er von drei Wächtern, die er schließlich auf Drängen des Shoguns hin akzeptiert hatte. Kurz hinter der Stadtgrenze verdunkelte sich der Weg in einem dichten Wald. Plötzlich tauchten Banditen auf und umkreisten Chen Yuanpin und seine Eskorte. Sofort fiel die Meute über die Gruppe her. Die drei Wächter schlugen sich tapfer. Um den alten Mönch herum entbrannte ein Kampf auf Leben und Tod. Da die Banditen in der absoluten Überzahl waren, gelang es ihnen schließlich, die mutigen Samurai zurückzudrängen; selbst schon entwaffnet, waren diese bereit, in einem Kampf mit bloßen Händen zu sterben.

In dieser ausweglosen Situation setzte Chen Yuanpin plötzlich zum Angriff an. Schnell wie ein Blitz, wendig wie Schilfrohr, unfassbar wie der Wind, verwandelten sich seine Hände, Füße, Ellbogen in furchtbare Waffen. Als schon bald der vierte Bandit in sich zusammengebrochen war, ergriffen die restlichen, entsetzt durch die schreckliche Metamorphose des friedlichen Mönches, die Flucht. Sie rannten, als wären sie einem Kami, einem göttlichen Wesen, begegnet.

Voll Bewunderung erhoben sich die angeschlagenen Samurai. Zunächst schweigend begleiteten sie den Bonzen zu seinem Tempel. Doch unterwegs, als sie die Neugier nicht mehr unterdrücken konnten, baten sie Chen Yuanpin, ihnen sein Geheimnis zu verraten, das Geheimnis seiner furchtbaren Macht. Ohne zu antworten, schritt er schweigend bis zum Tempel, diskret wie eine Katze, still wie die Oberfläche eines Teiches, zerbrechlich wie eine Jadelampe. Beim Tempel angelangt, verabschiedete er sich von den Wächtern und zog sich zur Nachtruhe zurück. Neugierig, doch noch etwas zu erfahren, harrten die drei Samurai bis zum Morgen vor dem Tor des Tempels aus.

Am nächsten Tag wiederholten sie ihre Bitte vom Vortag und bedrängten den Mönch sogar, sie als Schüler oder auch nur als einfache Diener zu akzeptieren.

»Meine Kunst ist etwas für ausdauernde Seelen. Die Wege des Wissens sind lang und steil«, antwortete der Bonze.

»Wir sind zu allem bereit«, entgegneten die drei Wächter.

Schließlich nahm der alte Mönch die drei als Schüler an. Über Jahre hinweg unterrichtete er sie in der Kunst des Wushu, der »Kunst der Vollendung«, die er im Reich der Mitte erlernt hatte. Nach einer allgemeinen Ausbildung in den Grundlagen dieser Kunst spezialisierte sich jeder der drei Schüler auf einen bestimmten Zweig des Wushu. Einer perfektionierte seine Schleudertechnik, der andere die Würgegriffe und der dritte die Atemi, Schläge auf vitale Körperstellen.

Nach Jahren des intensiven Trainings, nachdem die Schüler einen Einblick in das Geheimnis von Chen Yuanpin gewonnen hatten, war schließlich die Stunde des Abschieds gekommen. Nun war es an ihnen, das Wissen weiter zu vermitteln, jeder in seinem Spezialgebiet. Am Tag des Abschieds erteilte Chen Yuanpin ihnen letzte Ratschläge und erinnerte sie daran, nur diejenigen zu unterrichten, die bereit

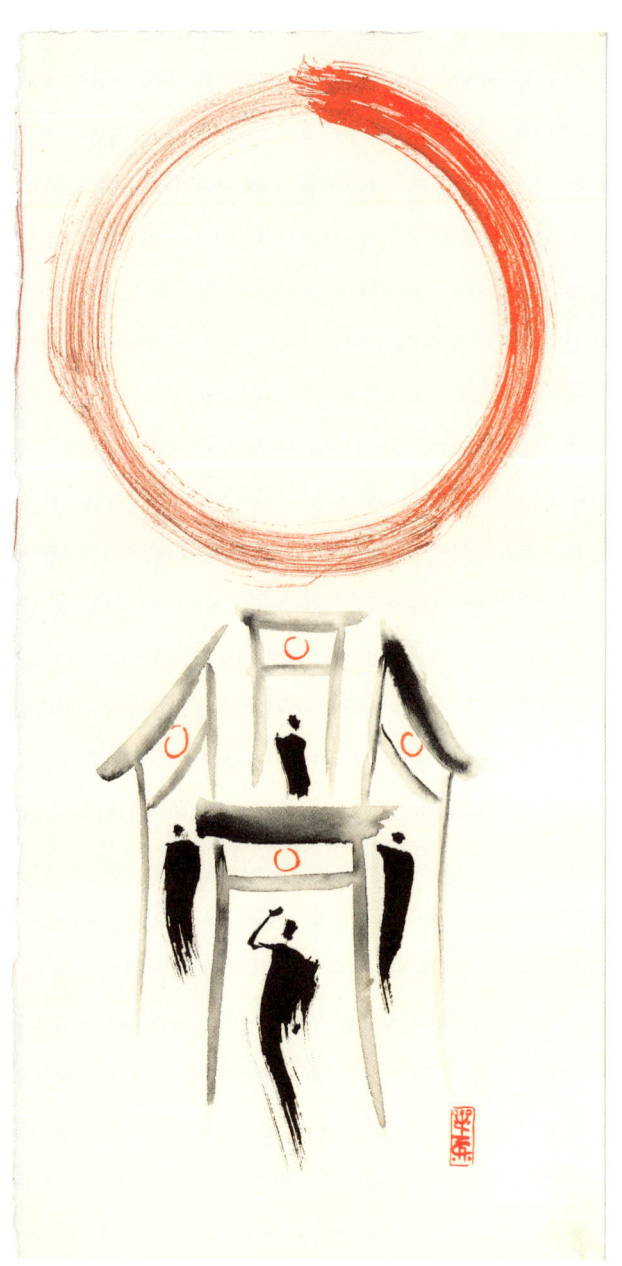

wären, den Weg des Herzens zu gehen. Nachdem der Meister den Schülern seinen Segen gegeben hatte, zog er sich in den Tempel zurück – diskret wie eine Katze, still wie die Oberfläche eines Teiches ... unter dem Gewicht der Jahre schien der alte Mönch nun sogar noch zerbrechlicher als eine Jadelampe. Aber sein Gesicht strahlte in einem friedlichen Lächeln.

Der Champion und der Meister

Als Umetsu, Fechtkampfchampion seiner Provinz, hörte, dass der berühmte Meister Toda Seigen in der Stadt sei, konnte er es nicht erwarten, sich mit ihm zu messen. Auf die Frage, ob er die Herausforderung des Champions annehmen wolle, antwortete Seigen jedoch nur: »Kommt nicht in Frage. Ich sehe keinen Grund dafür, mit diesem Mann zu kämpfen, und habe nichts zu beweisen. Sagt ihm bitte, dass es in einem Fechtkampf um Leben und Tod geht und dass ich die Risiken eines solchen Kampfes nicht auf die leichte Schulter nehme.«

Umetsu vermutete in der Ablehnung von Seigen eine Ausrede mit dem Ziel, eine Niederlage und damit den Verlust seiner Reputation zu vermeiden. So ließ er überall verbreiten, Seigen sei ein Feigling. Als der Lehnsherr, selbst begeisterter Anhänger der Fechtkunst, von der Sache erfuhr, ließ er sofort nach Seigen schicken: In aller Höflichkeit bat er ihn, die Herausforderung doch anzunehmen. Seigen weigerte sich. Dreimal wurde die Bitte wiederholt, und jedes Mal in einem eindringlicheren Ton.

Seigen wusste, dass er sich dem Wunsch des Lehnsherrn nicht mehr länger widersetzen konnte; denn den altehrwürdigen Regeln zufolge schuldete ein Samurai den feudalen Autoritäten unbedingten Gehorsam. Also willigte er schließlich doch ein, gegen Umetsu anzutreten. Der Schiedsrichter sowie Ort und Zeitpunkt des Kampfes waren schnell gewählt.

Vom Ehrgeiz getrieben, auch wirklich jede Möglichkeit der Einflussnahme zu nützen, begab sich Umetsu zu einem schintoistischen Heiligtum, um dort drei Tage und Nächte lang Reinigungsrituale durchzuführen, sich innerlich auf den Kampf vorzubereiten und die Götter positiv zu stimmen.

Meister Seigen wurden die Einzelheiten über die Vorbereitungen seines Gegners zugetragen, verbunden mit dem Ratschlag, es ihm doch gleichzutun. Lächelnd antwortete er: »Aufrichtigkeit und Harmonie in meinem Herzen zu kultivieren ist für mich ein immer währendes Bestreben. Dies ist keine Sache, die die Götter mir nach Bedarf in einem schwierigen Moment schenken.«

Am Tag des Kampfes hatte sich der Lehnsherr persönlich mit einem großen Teil seines Gefolges am vereinbarten Ort der Auseinandersetzung eingefunden. Unter allen Anwesenden herrschte große Spannung. Gefolgt von einigen Schülern und Bewunderern, kam Umetsu stolz dahergeschritten – in den Händen ein Holzschwert von mehr als einem Meter Länge. Seigen dagegen war mit einem Stock von gerade einmal vierzig Zentimetern Länge angetreten. Sofort wandte sich Umetsu an den Schiedsrichter und bat ihn, Seigen zum Gebrauch eines regulären Holzschwertes zu veranlassen. Auf keinen Fall wollte er, dass sein Sieg aufgrund der lächerlichen Waffe Seigens entwertet werde. Doch trotz Aufforderung beharrte Seigen darauf, mit seiner Waffe zu kämpfen. So musste der Schiedsrichter schließlich zugestehen, dass er den Kämpfern hier den Gebrauch ihrer jeweils gewünschten Waffe nicht verbieten konnte.

Von Beginn an warf sich Umetsu mit aller Kraft in den Kampf, attackierte Seigen wiederholt heftig und sprang zornentbrannt wie ein blutrünstiges Tier umher. Mit furchtbarer Genauigkeit traf seine Waffe, mit verblüffender Geschwindigkeit zischte sie durch die Luft.

Doch beinahe nonchalant wich Seigen jedem Schlag aus, elegant und graziös wie eine Katze. Sein gleichgültig wirkender Blick blieb ruhig an den Augen des Gegners haften, sein völlig entspannter Körper schien zu tanzen und nur mit dem Schwert zu spielen, so beunruhigend knapp dieses ihn auch verfehlen mochte. Außer sich vor Wut, drosch Umetsu mit seinem Schwert auf den Gegner ein – und schrie bei jedem Hieb in die Leere vor Ärger auf.

Dieses faszinierende Ballett dauerte jedoch nicht lange. Völlig unerwartet, ohne dass man den Grund hätte ahnen können, hielt der Champion plötzlich inne und blieb regungslos stehen. Auf seinem Gesicht zeichnete sich ein starker Schmerz ab. Zweifellos hatte der kleine Stock Seigens ihn getroffen, doch niemand konnte sagen, wo. Diese Situation nützte Seigen aus, um blitzschnell das Holzschwert seines Gegners zu erfassen und es weit weg zu werfen. Nach dieser Aktion wollte er sich vom Kampfplatz zurückziehen und Umetsu seiner bitteren Niederlage überlassen. Blind vor Wut zog dieser jedoch seinen Dolch, den er am Gürtel trug, und rannte auf den Meister zu.

In einer kaum wahrnehmbaren Bewegung pfiff Seigens Stock noch einmal durch die Luft. Noch einmal traf er – und dieses Mal stürzte Umetsu mit seinem ganzen Gewicht.

Ein Sprengsatz mit Zeitzünder

Vor ein paar Wochen erst war ein Experte des chinesischen Boxkampfes in ein kleines entlegenes Dorf gezogen, da zeigte sich schon, wie er die Furcht der Bauern vor seiner Stärke genoss. Wie der Lehnsherr benahm er sich. Am besten gefiel

ihm, dass niemand wagte, ihm zu widersprechen oder seinen Weg zu kreuzen, bis er eines Tages auf seinem Spaziergang einem alten Männlein mit weißem Bart begegnete. Der Alte machte keine Anstalten, ihm aus dem Weg zu gehen, sondern lief einfach ruhig vor ihm weiter. Seiner Überlegenheit sicher, versuchte der Boxkämpfer den Alten wegzustoßen. Doch geschickt wich der Greis aus und der Boxkämpfer traf nur ins Leere. Da warf sich der Boxer wütend auf den Alten, um ihm eine Tracht Prügel zu verabreichen. Im folgenden Handgemenge versuchte der Alte notdürftig, die Schläge abzuwehren – und einmal gelang es ihm sogar, die Brust des Grobians zu berühren. Letztlich setzte sich der junge Mann durch und der Alte landete im Staub. Zufrieden mit seiner Prügelstrafe, ließ der Champion den Alten, der sich nicht rührte, einfach liegen. Sobald sich der Grobian entfernt hatte, öffnete der Greis ein Auge, dann das zweite. Schließlich sprang er auf, klopfte sich ein wenig den Staub von den Kleidern und verließ ruhigen Schrittes das Dorf.

Je mehr Tage vergingen, desto schlechter fühlte sich der Boxkämpfer. Sein Körper kam ihm schwach vor, Atmung und Verdauung machten ihm Probleme und immer häufiger plagten ihn Kopfschmerzen. Der Tag kam, da blieb er, von Fieber geschüttelt, im Bett liegen. Er hatte nicht einmal mehr die Kraft, sich zu erheben, und konnte kaum noch sprechen.

Lange dachte er nach. Schließlich schien ihm nur eine Erklärung für seinen Zustand plausibel: Der leichte Schlag des Alten gegen seine Brust hatte vielleicht ein Energiezentrum getroffen. Möglicherweise hatte der Schlag seine Wirkung mit einer Verzögerung entfaltet. Schließlich musste er erkennen, dass ihm der Alte eine Lehre erteilt hatte. Ihm wurde klar, wie sehr er sich vom Äußeren hatte täuschen lassen und wie sehr er in der Illusion seiner eigenen Stärke gelebt hatte. Von Reue erfasst, ließ er nach dem Alten schicken, um ihn für sein verfehltes Verhalten um Entschuldigung zu bitten. Er wollte ihm dafür danken, dass er ihm die Augen geöffnet hatte.

Der Greis, der nahe des Dorfes als Einsiedler lebte, zögerte nicht zu kommen. Gerührt von der Reue des jugendlichen Strolches, beschloss er, ihn eigenhändig gesund zu pflegen. Nach einigen Sitzungen Shiatsu (Akupunktur mit den Fingern) und einer Behandlung mit Heilkräutern war der junge Mann wieder auf den Beinen. Von wahrem Wissensdurst beseelt, bat der junge Mann den Alten, ihn als seinen Schüler zu akzeptieren.

So blieb er bis zum Tod seines Meisters in der Einsiedelei. Und als er in sein Dorf zurückkehrte, war die Reaktion der Bewohner nicht mehr Furcht, sondern friedliche Anerkennung.

Die große Prüfung

»Beim Anblick des erhobenen Schwertes
Lässt euch die Hölle erzittern
Doch bewegt euch direkt darauf zu
Und ihr werdet das Land der Glückseligkeit
finden.«

Miyamoto Musashi

Wer eine Kampfkunst erlernt, sieht sich sehr bald schon mit dem grundlegenden Problem der Angst konfrontiert. Übungskämpfe sind, trotz freundschaftlicher Ausrichtung, nicht immer ungefährlich. Hat man bereits einige Treffer hinnehmen müssen, wird man von einer Furcht befallen, einer Scheu, deren Wirkung einer Lähmung vergleichbar ist: Der Körper verkrampft sich, die innere Energie zirkuliert nicht mehr, die Reaktionen werden unkontrolliert. Unter dem Einfluss dieser negativen Gefühle verliert man auch den klaren Blick für eine Situation und reagiert folglich auch nicht mehr auf angemessene Weise. In einer realen Gefahrensituation können die Konsequenzen tragisch sein. Hat die Angst einen Menschen erst einmal erfasst, kann er die wirkliche Meisterschaft nicht mehr erlangen. Sich von der Angst zu befreien ist deshalb ein wichtiger Schritt.

Die Samurai, die täglich ihr Leben riskierten, mussten eine Lösung für dieses Problem finden. Denn wird man von panischer Furcht geleitet, ist man auf dem Schlachtfeld verloren. Deshalb pflegte General Kenshin, Anhänger des Zen, seinen Männern zu sagen: »Geht fest überzeugt von eurem Sieg in den Kampf und ihr werdet gesund und unbeschadet zurückkehren. Stürzt euch zum Sterben entschlossen in den Kampf und ihr werdet unversehrt bleiben. Denn diejenigen, die sich am Leben festklammern, werden sterben, diejenigen, welche den Tod herausfordern, werden leben.« Ein Leitsatz des Jujutsu drückt dieselbe Idee in anderen Worten aus: »Wer sich festklammert, stürzt gewiss; wer loslassen kann, hat keinerlei Sturz zu befürchten.«

Leicht gesagt, doch schwierig in der Praxis umzusetzen. Dennoch scheint der Mensch gerade in nahezu ausweglosen Situationen oder in Lebensgefahr zu überraschenden Dingen fähig. Man nennt dies den Selbsterhaltungstrieb. Im Alltag schöpft der Mensch sehr wenige seiner Möglichkeiten aus. Doch in plötzlichen Gefahrensituationen reagiert er oft mit einer Kraft und Schnelligkeit, die niemand geahnt hätte. Kurz bevor er zermalmt wird, gelingt dem schwachen Greis Wundersames; eine Frau vermag ein enormes Gewicht zu heben, um ihr Kind zu retten.

In einer lebensbedrohlichen Situation geht alles sehr schnell: Es gibt keinen Platz für Überflüssiges, jeder Sekundenbruchteil zählt – es kommt darauf an, hier und jetzt absolut präsent zu sein. Psychologische oder emotionale Nebenaspekte treten zugunsten einer unglaublichen höheren Energie in den Hintergrund. Das tiefste Wesen kommt zum Ausdruck, die Hingabe des Selbst ist Bedingung dafür.

Doch ist die Gefahr erst einmal gebannt, der Alarm vorbei, fordert die »Alltagspersönlichkeit« ihre Rechte wieder ein. Erneut wird die Angst auf den Plan treten, meist sogar bei geringem Anlass. Der Mensch begegnet dem Problem dort wieder, wo er es zurückgelassen hatte. Er kann ihm nicht richtig entgegentreten, weil er seinen Selbsterhaltungstrieb nicht willentlich zu aktivieren vermag.

Eben an diesem Punkt setzen die Meister an, wenn sie behaupten, es gebe eine Möglichkeit, sich von der Angst zu befreien. Unerlässlich dafür ist, ihr direkt ins Antlitz zu schauen und ihre Quelle zu erkennen. Ist sie erst einmal entdeckt, wird sie sich in Rauch auflösen, wie ein Albtraum beim Erwachen.

Der Riss

Immer stärker drängte sich den Schülern des Fechtkunstmeisters Kenkichi Sakakibara die Vermutung auf, ihr Lehrer könnte den Verstand verloren haben: Seit einem Monat versuchte er einen Stahlhelm mit einem Schwerthieb zu spalten.Vergeblich, denn jedes Mal prallte die Klinge ab, verbog sich oder zerbarst an dem Helm – der intakt blieb.

Wusste Sakakibara nicht um die Unmöglichkeit seines Unterfangens? Bekanntlich waren die Helme der Samurai aus einem Stahl höchster Qualität hergestellt, den keine Waffe zu durchdringen vermochte. Selbst die Kugeln der Musketen prallten von ihnen ab. Nur in den alten Kriegerepen finden sich tatsächlich Berichte über Helden aus vergangenen Zeiten, die einen Helm mit einem Schwerthieb spalten konnten. Diesen Helden zu Ehren fand einmal jährlich in Anwesenheit des Kaisers selbst die Zeremonie des Kabuto Waru (»Zerschlagen des Helmes«) statt. Die Schüler des Sakakibara wussten nicht, dass ihr Meister eine Einladung zu diesem Ereignis erhalten hatte.

Bis zum Vorabend der Meisterschaft war es Sakakibara immer noch nicht gelungen, einen Helm zu zerschlagen. Er war verzweifelt: Gelänge es ihm nicht, diese Herausforderung zu meistern, würde er, da er das Vertrauen des Herrschers missbraucht hätte, seine Ehre verlieren. Den Tod in der Seele, fand er sich also im kaiserlichen Palast zur Zeremonie des Kabuto Waru ein. Die größten Meister der Fechtkunst waren erschienen. Der Reihe nach versuchte jeder sein Glück. Doch immer blieb der Helm ganz, nicht die Spur eines Kratzers war zu sehen. Die zerbrochenen Klingen dagegen häuften sich.

Schließlich war nur noch Sakakibara übrig. Als er aufgerufen wurde, kniete er sich vor dem Kaiser nieder. Er versuchte seine Ratlosigkeit zu verbergen und respektvoll und ruhig zu grüßen. Nachdem er sich dem Helm genähert hatte, blieb er mit gezogenem Schwert regungslos stehen. Alle Erwartungen lasteten nun auf ihm, dem einzigen, der dem Kaiser nun noch etwas anderes als einen Misserfolg liefern konnte. Mit dem Wissen, dass seine gewöhnlichen Kräfte nicht ausreichen würden, konzentrierte er sich darauf, das Maximum seiner Möglichkeiten auszuschöpfen. Nichts zu machen. Er fühlte sich unfähig und leer.

Just in diesem Moment gab etwas in ihm nach und öffnete sich in ihm: Eine geheimnisvolle Energie, ein unwiderstehliches Ki breitete sich in Sakakibaras ganzem Sein aus. Nun lief alles wie in einem Zauber ab: Langsam hob sich sein Schwert wie von selbst über seinen Kopf – um dann niederzusausen wie ein Blitz. Im selben Moment brach ein Kiai aus dem Innersten seines Wesens hervor, ein Schrei, der widerhallte wie ein Donnerschlag.

Der Helm hatte sich nicht bewegt. Aber zumindest war das Schwert intakt. Als der Schiedsrichter den Helm näher untersuchte, musste er feststellen, dass sich ein Schlitz von zehn Zentimetern Länge über die Oberfläche des Helmes zog.

Wie hatte Sakakibara da erfolgreich sein können, wo so viele andere gescheitert waren? Vielleicht, so vermuteten manche, weil er entschlossen war, im Falle seines Scheiterns das Harakiri (ritueller Selbstmord) durchzuführen …

Sich dem Schicksal anvertrauen

Trotz zahlenmäßiger Unterlegenheit seiner Truppen beschloss der große General Nobunaga, den Gegner anzugreifen. Er selbst war sich des Sieges gewiss – nicht so seine Männer.

So hielt Nobunaga auf dem Weg zur Schlacht vor einem schintoistischen Schrein an und erklärte seiner Truppe: »Ich werde mich sammeln und die Götter um Hilfe bitten. Dann werde ich eine Münze werfen. Kopf bedeutet, wir siegen, Zahl, wir verlieren. Wir vertrauen uns dem Schicksal an.«

Nachdem er eine Weile meditiert hatte, trat Nobunaga wieder aus dem Schrein heraus – und warf die Münze. Es war Kopf. Sofort fassten die Kämpfer Mut. Von ihrem Sieg überzeugt, kämpfte die Truppe mit einer solchen Tapferkeit, dass die Schlacht bald gewonnen war.

Nach dem Sieg meinte der Adjutant zu seinem General: »Niemand kann den Verlauf des Schicksals beeinflussen … dieser Sieg ist ein erneuter Beweis dafür.«

»Wer weiß«, antwortete Nobunaga, indem er seinem Adjutanten eine Münze reichte – eine falsche Münze, die auf beiden Seiten Kopf zeigte.

Der zum Tode Verurteilte

Zu Zeiten der Feudalherrschaft hatte in Japan einmal ein Mitglied der Dienerklasse gewagt, eine politisch höchst einflussreiche Persönlichkeit zu beleidigen. Der Würdenträger forderte den Meister des Aufsässigen auf, ihm seinen Diener auszuliefern – was natürlich dessen Tod bedeuten würde. Trotz der absehbaren schrecklichen Folgen konnte der Meister diese Bitte nicht ablehnen, kam sie doch einer amtlichen Anordnung gleich.

In dieser ausweglosen Lage machte der Meister seinem Diener einen Vorschlag: »Ich bin wirklich sehr betrübt darüber, euch diesem Menschen ausliefern zu müssen, der euch zweifellos zum Tode verurteilen wird. Ich kann nicht viel für euch tun. Ich kann euch nur Folgendes vorschlagen: Nehmt ein Schwert und kämpft mit mir. Tötet ihr mich,

seid ihr frei und könnt fliehen. Verliert ihr, so sterbt ihr wenigstens nicht wie ein Verbrecher, sondern als Kämpfer, wie ein Krieger.«

Der Diener entgegnete: »Verzeiht mir, aber das wäre doch unsinnig. Ihr seid ein berühmter Meister und angesehener Lehrer. Wie sollte ich, ein einfacher Diener, der kaum jemals eine Waffe in der Hand gehalten hat, mit euch kämpfen können?« Insgeheim war der Meister schon seit langem neugierig, jemanden kämpfen zu sehen, für den es keinerlei Hoffnung auf Überleben gab. Er wollte also nicht nachgeben: »Nun, was habt ihr schon zu verlieren? Versucht euer Glück und lasst mich sehen, was ich machen kann.«

Schließlich willigte der Diener in den Plan ein. So fanden sich die beiden Männer einander gegenüber, die Schwerter in der Hand, bereit zu einem Kampf auf Leben und Tod.

Sehr bald geriet der Meister in Bedrängnis. Der Diener, völlig außer sich, hatte sich mit aller Verzweiflung und vollem Einsatz in den Kampf geworfen. Schritt für Schritt zurückgedrängt, stand der Meister schließlich mit dem Rücken zur Wand. Keinen Moment hatte er mehr zu verlieren, so gefährlich war seine Lage. Mit letzter Kraft stieß der Meister einen Schrei aus – und versetzte seinem Gegner einen furchtbaren Schlag mit seinem Schwert.

Einige Zeit nach diesem Kampf gestand der Meister seinen Schülern gegenüber: »Welch erbarmungsloser Kampf war das! Tatsächlich hätte mich beinahe ein Diener besiegt. Ich wünsche euch wirklich, niemals gegen einen zum Tode Verurteilten kämpfen zu müssen, gegen jemanden, der nichts mehr zu verlieren hat. Wenn schon ein solch armer ungeübter Kerl zu diesen Leistungen fähig war, wie wird es dann erst mit einem erfahrenen Kämpfer sein!«

Ein Schüler fragte: »Als ihr dem Diener schließlich den Schlag versetzt habt, war das aufgrund einer kurzen Konzentrationsschwäche seinerseits möglich?«

»Keinen einzigen Fehler hat er gemacht. Es ist ein Wunder, dass ich ihn zu treffen vermochte. Vielleicht hat es etwas mit dem Kiai zu tun, den ich ausstieß ...«

Ein Meister ohne Technik

Dank seines einzigartigen Rufes war dem Fechtkunstmeister Tajima no Kami die Ehre zuteil geworden, den Shogun (Statthalter des Kaisers) persönlich zu unterrichten. Eines Tages trat einer der Leibwächter des Shogun mit der Bitte an ihn heran, ihn ebenfalls in seiner Kunst zu unterweisen.

»Soweit ich das beurteilen kann, seid ihr selbst ein Meister dieser Kunst. Sagt mir, bitte, welche Schule habt ihr besucht?«

Der Leibwächter antwortete: »Ehrlich gesagt, habe ich an keiner Schule gelernt.«

»Ihr macht euch lustig über mich! Erzählt keine Geschichten, ich weiß, wovon ich spreche und habe eine gewisse Menschenkenntnis.«

»Es tut mir Leid, falls ich eure Ehre verletzen sollte, aber ich versichere euch: Nie habe ich den Umgang mit dem Schwert unter Anleitung eines Meisters gelernt – und im Übrigen muss ich gestehen, nicht allzu viele Kenntnisse im Fechten zu besitzen. Eine Unterweisung in Sachen Technik könnte mir wirklich nicht schaden.«

Diese Beteuerungen stimmten den Meister nachdenklich. Schließlich antwortete er: »Wenn ihr es sagt, muss ich es euch glauben. Ich bleibe jedoch bei meiner Meinung, dass ihr in einem Fach mit der Meisterschaft abgeschlossen habt. Leider vermag ich nicht zu sagen, in welchem.«

»Nun gut, da ihr darauf besteht, verrate ich euch etwas: Schon als Kind kam mir der Gedanke, dass ich als Samurai unter keinen Umständen Angst vor dem Tod haben dürfte.

Seit dieser Zeit und über die Jahre hinweg habe ich niemals aufgehört, mich mit dem Gedanken an den Tod zu beschäftigen. Heute stellt dieses Thema kein Problem mehr für mich dar. In gewisser Weise habe ich es gemeistert, die Meisterschaft darin erlangt. War es das, woran ihr gedacht habt?«

»Genau!«, entfuhr es Tajima no Kami, »das war es, was ich sagen wollte. Ich bin froh, mich nicht getäuscht zu haben. Von der Todesangst befreit zu sein ist eines der wichtigsten Geheimnisse in der Fechtkunst. Schon viele Schüler habe ich darin zu unterrichten versucht, doch sehr wenige haben hier wirklich den Grad der Meisterschaft erreicht. Was euch betrifft, so habt ihr keine technischen Unterweisungen mehr nötig. Ihr seid bereits Meister.«

Der Meister der Teezeremonie und der fahrende Krieger

Als der Lehnsherr von Tosa sich einmal in Edo, der Hauptstadt der Provinz, einfand, um dem Shogun einen Besuch abzustatten, konnte er es sich nicht verkneifen, seinen Meister des Chanoyu mitzubringen – so stolz war er auf ihn.

Die japanische Kunst der Teezeremonie ist stark vom Zen beeinflusst: Jede Bewegung muss mit einem Höchstmaß an Konzentration durchgeführt werden, auf dass man, in einem höchst ausgefeilten Ritual, das Geheimnis des »Hier und Jetzt« koste.

Um in den Palast eingelassen zu werden, musste der Meister der Teezeremonie die Kleidung eines Samurai anlegen. Auch deren Erkennungszeichen, nämlich zwei Schwerter, musste er vorweisen können. Noch lange nach seiner Ankunft in Edo hatte der Meister des Chanoyu den Palast noch kein einziges Mal verlassen. Mehrmals täglich übte er seine

Kunst in den Gemächern seines Lehnsherren aus, zur großen Freude der Eingeladenen. Sogar vor dem Shogun durfte er seines Amtes walten.

Eines Tages gab sein Herr ihm die Erlaubnis, einen Ausflug in die Stadt zu machen. Erfreut über die Gelegenheit, die Stadt näher kennen zu lernen, begann der Meister, immer noch als Samurai gekleidet, seinen Rundgang durch die belebten Straßen von Edo. Auf einer Brücke rempelte ihn plötzlich einer dieser fahrenden Krieger an, teils wackere Ritter, teils aber auch abgefeimte Gauner. Dieser schien eher ein Vertreter der letzteren Kategorie. Kühl erklärte er:»Ihr seid also ein Samurai aus Tosa. Ich habe es nicht gern, so angestoßen zu werden. Die Angelegenheit würde ich gerne mit dem Schwert austragen.«

Ratlos über diese absurde Situation, gestand der Meister der Teezeremonie schließlich die Wahrheit:»Mein Äußeres täuscht. Ich bin kein echter Samurai. Ich bin nichts weiter als ein kleiner Spezialist des Chanoyu und verstehe absolut nichts vom Fechten.«

Der Herausforderer wollte die Geschichte nicht glauben, genauer: Er tat so, denn seine wirkliche Absicht war ohnehin, seinem Opfer, dessen wenig kämpferische Natur er sofort erkannt hatte, etwas Geld abzunehmen. So blieb er unnachgiebig und sprach mit noch lauterer Stimme, um den Gesprächspartner weiter einzuschüchtern. Schon bald bildete sich eine kleine Menschenmenge um die beiden. Der Gauner wollte nun von dieser Situation profitieren und drohte, öffentlich zu erklären, die Samurai aus Tosa seien Feiglinge, die den Kampf scheuten.

Schnell merkte der Meister der Teezeremonie, dass er den Banditen nicht zur Vernunft bringen konnte. Da er zudem befürchten musste, mit seinem Verhalten die Ehre seines Herrn zu gefährden, bereitete sich der Meister der Teezeremonie innerlich auf seinen Tod vor ... Er willigte also in einen

Kampf ein. Doch da er sich nicht einfach ohne Gegenwehr umbringen lassen wollte und um die Samurai aus Tosa vor dem Verlust ihres Ansehens zu schützen, ersann er eine Strategie: Er erinnerte sich, in der Nähe der Brücke an einer Fechtkunstschule vorbeigekommen zu sein. Dort könnte er lernen, wie man ein Schwert hält und so wenigstens ehrenvoll dem unvermeidlichen Tod entgegentreten. So erklärte er dem Herausforderer:»Da ich im Auftrag meines Herrn unterwegs bin, muss ich zuerst meinen Pflichten nachkommen, bevor ich mit euch kämpfen kann. Das könnte noch zwei Stunden dauern. Hättet ihr die Güte, hier auf mich zu warten?«

Der Gauner akzeptierte den Vorschlag – sei es aus Respekt vor den Regeln des Bushido, oder um seinem Opfer das Sammeln einer ausreichend hohen Summe zu ermöglichen, mit der es sich möglicherweise von dem Kampf loskaufen wollte. Der Meister des Chanoyu eilte zur Schule, die er auf seinem Weg durch die Stadt bemerkt hatte, und bat dort inständig, mit dem Meister der Fechtkunst sprechen zu dürfen. Zunächst sah der Pförtner keinen Grund, diesen merkwürdigen, völlig aufgeregten Fremden, der ohne jegliches Empfehlungsschreiben erschienen war, einzulassen. Doch schließlich rührte ihn der Ausdruck der Verzweiflung auf dem Gesicht des Bittstellers und er meldete ihn beim Meister. Interessiert hörte sich dieser die Geschichte vom Unglück des Gastes an, von seinem Wunsch, wenigstens als Samurai zu sterben.

»Ein bemerkenswerter, ja, einzigartiger Fall«, kommentierte der Fechtkunstmeister.

»Dies ist nicht der richtige Moment für Späße«, brach es aus dem Gast hervor.

»Oh nein, ich versichere euch, keineswegs verkenne ich den Ernst der Lage. Ihr seid wirklich eine Ausnahme. Die Schüler, die normalerweise zu mir kommen, wollen lernen, wie man im Fechten siegt. Ihr dagegen wollt die Kunst des Sterbens erler-

nen. Doch möchte ich euch, da ihr nun mal ein Meister dieser unvergleichlichen Kunst seid, bitten, mir eine Tasse Tee zu servieren, bevor ihr eurem Schicksal entgegengeht.«

Der Besucher ließ sich nicht lange bitten, sollte dies doch seine letzte Gelegenheit zur Ausübung seiner geliebten Kunst sein. Vergessen schien sein furchtbares Schicksal – mit einer derartigen Sorgfalt und überraschenden Ruhe bereitete er den Tee zu und servierte ihn dann. Jede einzelne Bewegung führte er mit einer Hingabe aus, als hätte in diesem Moment nichts anderes Bedeutung.

Während der ganzen Zeremonie hatte der Meister der Fechtkunst seinen Gast aufmerksam beobachtet. Er war tief beeindruckt von dessen Konzentration und Hingabe an seine Sache.

»Hervorragend!«, rief er aus, »hervorragend! Das Maß an Selbstbeherrschung, das ihr bei der Ausübung eurer Kunst erreicht, genügt völlig, euch ein würdiges Auftreten vor jedem Samurai zu garantieren. Ihr habt alles, was man braucht, um auf ehrenhafte Weise zu sterben. Seid ganz beruhigt. Lasst mich euch nur noch ein paar wenige Ratschläge geben. Sobald ihr den Gauner, der euch bedroht, nun wieder sehen werdet, stellt euch einfach vor, ihr würdet gerade einem Freund den Tee zubereiten. Begrüßt ihn höflich und dankt ihm für die Frist, die er euch gewährt hat. Faltet dann sorfältig eure Jacke zusammen und legt sie auf den Boden, mit eurem Fächer darauf, genau so, wie ihr dies bei euren Teezeremonien macht. Bindet euch das Stirnband um, krempelt die Ärmel hoch und lasst euren Gegner wissen, dass ihr nun bereit seid für den Kampf. Zieht euer Schwert, hebt es über euren Kopf und schließt dabei die Augen. Nun müsst ihr euch nur noch so gut wie möglich konzentrieren und euren Arm in dem Moment mit aller Kraft niedersausen lassen, in dem ihr den Angriffsschrei des Grobians hört. Ich wette, es wird ein Blutbad geben.«

Der Besucher dankte dem Meister der Fechtkunst für dessen präzise Anweisungen und kehrte zur vereinbarten Stunde zur Brücke zurück. Der Herausforderer wartete bereits. Exakt den Hinweisen des Fechtkunstmeisters folgend, bereitete sich der Meister des Chanoyu auf den Kampf vor – als handle es sich dabei um eine Teezeremonie. Als er das Schwert hob und die Augen schloss, veränderte sich der Gesichtsausdruck des Gegners. Der fahrende Krieger traute seinen Augen nicht: War das derselbe Mann wie vorher, der ihm hier nun gegenüber stand? In einem Zustand extremer Konzentration wartete der Meister der Teezeremonie auf das Signal für seine letzte Bewegung, seine letzte Handlung … Doch auch nach einigen Minuten – sie kamen ihm wie Stunden vor – war kein Schrei zu hören. Als er es nicht mehr aushielt, öffnete der vermeintliche Samurai die Augen.

Niemand, kein Mensch weit und breit. Ratlos ob der furchtbaren Kampfhaltung, der unglaublichen Konzentration seines Gegners und dem Fehlen jeglicher Furcht war der Gauner immer weiter zurückgewichen, bis zu dem Punkt, an dem er es vorzog zu verschwinden. Seine Geldforderung hatte er völlig vergessen – er war froh, mit dem Leben davongekommen zu sein.

Am Rand des Abgrunds

Auf einem Dorfplatz hatte sich eine Menschenmenge gebildet, die das Können des berühmten Bogenschützen im Rahmen einer Vorführung bewundern wollte. Tatsächlich bewies er einiges Geschick und große Übung. So konnte er etwa mehrere Pfeile rasch nacheinander abschießen und dabei eine Tasse voll Wasser auf seinem Unterarm balancieren.

Jeden Trick beklatsche die Menge begeistert. Indes irritierte den Bogenschützen zu sehen, dass ein einziger Zuschauer in

der ersten Reihe seit Beginn seiner Vorführung keinerlei Regung, geschweige denn Bewunderung gezeigt hatte. Nach einer Weile überwog seine Neugier. Er unterbrach seine Vorführung, um den Zuschauer nach dem Grund seiner Gleichgültigkeit zu fragen. Ein Raunen ging durch die Menge, denn der junge Mann war ein Eingeweihter des Daoismus und also, in der Vorstellung der Allgemeinheit, ein mächtiger Magier. Welchen Streich würde er dem Bogenschützen spielen?

Der Daoist begnügte sich mit der Erklärung: »Euer Bogenschießen ist nicht schlecht, von der technischen Seite her betrachtet, aber ihr seid noch weit davon entfernt, das Bogenschießen zu praktizieren, ohne mit dem Bogen zu schießen.«

Der Bogenschütze dachte sich, das ist mal wieder eine daoistische Redensart: hermetisch und obskur. Ein Trick unter anderen, um sich interessant zu machen. Dennoch bat er um eine Erklärung: »Was meint ihr mit ›Bogenschießen, ohne mit dem Bogen zu schießen‹?«

»Wenn wir uns auf einem Felsen balancierend befänden, der über hundert Meter steil abfällt – könntet ihr dann immer noch so gut schießen?«

Die Herausforderung nahm der Schütze an. Er folgte dem Daoisten in die Berge. Der kletterte auf einen Felsen und näherte sich einer hundert Meter tiefen Schlucht. Am Rand des Abgrunds angekommen, drehte er sich um und lehnte sich so weit über den Felsvorsprung hinaus, dass zwei Drittel seines Gewichts in der Leere schwebten. In dieser Haltung griff er nach dem Arm des Bogenschützen und zog ihn zu sich hin. Der Schütze widersetzte sich, stemmte sich mit aller Kraft gegen den Zug des Balancierenden. Schließlich schmiss er sich sogar auf den Bauch, um sich am Felsen festzuklammern. Schweißüberströmt, verharrte er regungslos in dieser Haltung.

Nachdem er ihm ein wenig Zeit gelassen hatte, den Schrecken zu verarbeiten, erklärte der Daoist: »Der verwirklichte

Mensch stürzt sich in die blaue Unermesslichkeit des Himmels oder taucht ein in die Strudel der gelben Quellen. Er wagt sich sogar über die acht Grenzen der Erde hinaus, ohne die geringste Unruhe zu verspüren. Ihr aber, obgleich fest an den Fels geklammert, ihr zittert immer noch und euer Körper ist wie gelähmt. Wie wollt ihr in diesem Zustand das Ziel treffen?«

Die Lektionen der Zenmeister

Auch Gehen ist Zen ...
Ob man sich bewegt oder nicht
Der Körper bleibt immer in Frieden
Selbst durch ein Schwert bedroht
Bleibt der Geist ruhig

Shodoka

Hojo Tokimune, der Shiken (Regent), der die Invasion der Mongolen im 13. Jahrhundert zurückschlug, zählt zu den größten japanischen Kriegern und Staatschefs. Als einer der ersten in dieser Funktion studierte er bei Meistern des Zen und förderte diese Strömung des Buddhismus.

Eines Tages, so heißt es, besuchte er den berühmten Zenmeister Bukko und fragte ihn:

»Wie kann ich der Angst entgehen, diesem Ungeheuer, diesem unserem schlimmsten Feind?«

»Besiege die Angst an ihrer Quelle«, antwortete Bukko.

»Was ist die Quelle der Angst?«

»Tokimune selbst.«

»Nichts hasse ich so sehr wie die Angst. Wie kann ich da ihr Ursprung sein?«, rief Tokimune aus.

»Versuche, dein geliebtes ›Ich‹ mit Namen Tokimune über Bord zu werfen und achte darauf, was du empfindest. Sobald du dies getan hast, reden wir noch einmal darüber.«

»Wie soll das funktionieren?«, insistierte Tokimune.

»Lass deine Gedanken schweigen.«

»Wie soll das möglich sein?«

»Setz dich mit verschränkten Beinen zur Meditation hin und blicke in die Quelle deiner Gedanken, auf die Dinge, von denen du meinst, sie gehören Tokimune.«

»Bei dem öffentlichen Leben mit den vielen Verpflichtungen, das ich führe, finde ich kaum Zeit zum Meditieren.«

»In welche Aktivitäten du auch involviert sein magst, sieh sie als Gelegenheit, deine innere Suche voranzutreiben, und eines Tages wirst du entdecken, wer dieser teure Tokimune ist.«

Der Weg Tokimunes stellt in Japan keine Ausnahme dar. Viele Krieger unterschiedlichen Ranges ließen sich im Zen unterweisen. Unter den größten Generälen des 16. Jahrhunderts sind Kenshin und Shingen zu nennen. Der berühmte Meister der Fechtkunst Tajima no Kami war ein Schüler des Zenmeisters Takuan. Auch die einfachsten Kämpfer, sogar die fahrenden Krieger, besuchten Klöster des Zen.

Was genau am Zen konnte eine derartige Anziehungskraft auf diese »groben« Samurai haben? Die entschlossene Haltung der Zenmeister ist sicherlich der wichtigste Aspekt. Zugleich spielt die absolute Gelassenheit, die Zenmeister selbst noch in den dramatischsten Situationen an den Tag legen, eine wichtige Rolle. Nichts scheint sie zu erschrecken, nicht einmal der Tod. »Sind die Gedanken in Frieden, wirkt selbst das Feuer kühl und erfrischend«, waren die letzten Worte des Abtes Kwaisen. Bei lebendigem Leibe verbrannte er in dem Feuer, das die Belagerer seines Klosters legten, weil er sich nicht ergeben hatte.

Einen besonderen Reiz auf Krieger übte der Zen als stark praxisorientierte Lehre aufgrund seiner Ablehnung intellektueller, dogmatischer oder ritueller Formalismen aus. Der Zen ist weder eine Philosophie noch eine Religion. Er ist ein Weg, der zu einer entscheidenden Erfahrung führt: dem Satori. Das Satori ist das Erwachen zu sich selbst und zur Wirklichkeit.

Der Name Zen kommt aus dem chinesischen Chan, einer Transkription des Wortes Dhyana, das im Sanskrit Meditation, Kontemplation bedeutet. »Im Wesentlichen ist der Zen die Kunst, Einblick zu gewinnen in die Natur des Seins. Er zeigt den Weg von der Sklaverei zur Freiheit. Indem er uns direkt von der Quelle des Lebens trinken lässt, befreit er uns von dem Joch, unter dem wir als eingeschränkte Kreaturen ständig leiden«, erklärt der Zenlehrer D.T. Suzuki. Der Zen ist der Schlüssel zur Befreiung, zur Verwirklichung des Selbst. Der Mensch kann Meister der Energien werden, die sich in ihm verstecken.

Um dem Schüler auf seinem Weg zu helfen, vermittelt der Meister ihm bestimmte Techniken und erteilt ihm Ratschläge. Schon seine bloße Präsenz ist eine große Hilfe. Doch damit endet seine Aufgabe bereits. Der Schüler selbst muss die Arbeit verrichten, die zur Erweckung führt. Das Satori kann sich nur in Momenten ereignen, in denen sich die Wolken des Unwissens und der Illusion auflösen. Letztlich geht es darum, über den Dualismus des Denkens hinauszukommen, der die Wirklichkeit verformt.

Außer der Sitzmeditation (Zazen), die einer inneren Erforschung der Tiefen des Seins und des Kosmos dient, lehrt der Zen bestimmte Techniken zur Bewusstseinsbildung, mit deren Hilfe »mentale Grenzen« aufgesprengt werden können. In diesem Zusammenhang sind die typischen Gespräche (Mondo) zwischen Meister und Schüler zu nennen. Auf die Frage: »Was ist der Zen?«, antwortet der Meister: »Und du, wer bist du?«, oder auch: »Die Zypresse steht auf dem Friedhof.« Manchmal begnügt er sich auch mit einem Achselzucken.

Die Koans kann man als eine Art Rätsel bezeichnen, als unlogische Fragen, auf die es auch keine »vernünftige« Antwort gibt. Sie sollen den Schüler vielmehr zum Meditieren anregen. Die berühmtesten lauten:

»Alles kehrt zum *Einen* zurück, doch wohin kehrt das *Eine* zurück?«

»Klatschst du in die Hände, erzeugst du damit ein bestimmtes Geräusch. Welches Geräusch erzeugt das Klatschen einer Hand?«

Keineswegs »realitätsfern«, ist der Zen vielmehr eine Lebenskunst, die zur absoluten Präsenz in je-der noch so alltäglichen Situation verhilft. Um ihre innere Verwirklichung ganz zu vollenden, führen Zenmönche körperliche Tätigkeiten aus, die zum Unterhalt des Klosters beitragen, und üben sich in traditionellen Künsten. Hier erlernen sie die »tätige Meditation«, die Sammlung in der Bewegung. Noch heute praktizieren viele Meister des Zen Kampfkünste mit dem Ziel, eine engere Verbindung von Mensch und Instrument, Subjekt und Objekt, Handelndem und Handlung, Geist und Körper herzustellen. Zenmeister ist nicht einfach nur, wer stundenlang in der Sitzmeditation verharren kann, sondern vor allem, wer die unterschiedlichen Bereiche des Daseins in Einklang miteinander zu bringen vermag. Die Beherrschung einer Kunst ist Ausdruck von innerer Verwirklichung.

Sind Zen und Kampfkünste in Japan aufs Engste miteinander verbunden, bleibt Schinto, die alte Nationalreligion, die Grundlage des Budo. In jedem traditionellen Dojo haben schintoistische Zeremonien und ein entsprechender Altar ihren Platz. Meister Ueshiba etwa hat eine Ausbildung in schintoistischer Tradition unter der Leitung des Priesters Degushi genossen.

Im Reich der Mitte ist der Daoismus der traditionelle Weg. Zen ist eine Mischung aus dem indischen Buddhismus und dem Daoismus. Als Prozess innerer Alchemie beinhaltet die daoistische Ausbildung das Erlernen einiger Techniken, die zum Erwecken der versteckten Energien beitragen, mit dem Ziel der Erneuerung des Adepten. Die Methoden ähneln denen des Zen: Meditation, Atemkontrolle, rätselhafte Fragen und Antworten – und natürlich die Praxis der »tätigen Meditation«, der Konzentration bei Alltagstätigkeiten. Für die Daoisten hat diese Form von Meditation eine tausendmal größere Bedeutung als die Meditation in Zurückgezogenheit: »Nur wenn Ruhe in die Bewegungen einkehrt, manifestiert sich der universelle Rhythmus.«

Tai Chi Chuan, von daoistischen Meistern entwickelt, kann als eine der ausgereiftesten Kampfkünste bezeichnet werden. Es ist zugleich Kampfkunst, Therapieform, symbolischer Tanz und Körpermeditation. Beim Tai Chi geht es um die Steuerung innerer Körperenergien. Die Meister betonen, man müsse »das ursprüngliche Qi bewahren, denn so wie es die Reinheit des Himmels und die Ruhe der Erde gewährleistet, so ermöglicht es die Verwirklichung des Menschen.«

Die Wege sind zwar unterschiedlich, doch gemeinsam ist den Meistern der Kampfkünste die Anwendung von Techniken, die dazu dienen, zum letzten Geheimnis vorzudringen.

»Der große Weg kennt keine Pforte
Tausende von Straßen münden darein
Wer diese Pforte ohne Pforte durchschreitet
Wandelt frei zwischen Himmel und Erde«

Das Tor zum Paradies

Eines Tages sprach ein Samurai bei Zenmeister Hakuin vor und wollte von ihm wissen: »Gibt es wirklich ein Paradies und eine Hölle?«

»Wer bist du?«, fragte ihn der Meister.

»Ich bin Samurai …«

»Du ein Krieger!?«, rief Hakuin aus: »Sieh dich doch mal an. Welcher Herr würde wohl deine Dienste wollen? Du siehst aus wie ein Bettler.«

Da packte den Samurai die Wut. Bebend vor Zorn zog er sein Schwert. Hakuin fuhr fort:

»Na so was, sogar ein Schwert besitzt du?! Aber du bist sicher zu ungeschickt, um mir den Kopf abzuschlagen.«

Wutentbrannt hob der Samurai sein Schwert, um den Meister anzugreifen. In diesem Moment sagte der:

»Nun hast du das Tor zur Hölle aufgestoßen.«

Überrascht und beeindruckt durch die Gelassenheit des Meisters, senkte der Samurai sein Schwert – und verneigte sich.

»Nun öffnet sich das Tor zum Paradies«, erklärte der Meister.

Der Meister selbst legt Hand an

Als Dokyo Yetan (1641–1721), der berühmteste Zenmeister seiner Zeit, einmal einen Lehrer des Kenjutsu zu Besuch empfing, erklärte ihm dieser: »Seit meiner Kindheit praktiziere ich die Kunst des Fechtens. Bei mehreren angesehenen Meistern habe ich gelernt und mir so die Stile unterschiedli-

cher Schulen angeeignet. Doch trotz all meiner Bemühungen habe ich die letzte Erleuchtung noch nicht gehabt. Könnt ihr mir raten, welche Methode ich anwenden soll?« Der Meister des Zen erhob sich, näherte sich seinem Besucher und bat ihn mit gesenkter Stimme, ganz genau aufzupassen, damit ihm nichts von dem entgehe, was er ihm nun anvertrauen werde. Neugierig beugte sich der Mann nach vorne, um gut horchen zu können – und erhielt eine Ohrfeige von Dokyo Yetan. Blitzschnell folgte dem Schlag noch ein Stoß mit dem Fuß. Ehe er sich's versah, verlor der Meister der Fechtkunst das Gleichgewicht – und der Kontakt mit dem Parkett verschaffte ihm ein Satori, ein spirituelles Erwachen.

Diese Erfahrung muss entscheidend für den Besucher gewesen sein, denn kurze Zeit später erlangte er Ansehen als großer Meister. Seine frappierende Entwicklung, die sich maßgeblich auf seine Fechtkunst niederschlug, machte mehr als einen Krieger neugierig. Einige, die ihn nach dem Geheimnis seiner Meisterschaft fragten, blieben ungläubig ob seines Geständnisses, er verdanke seinen Erfolg der ganz speziellen Methode des Mönches Dokyo Yetan. Und einige entschlossen sich, dies selbst nachzuprüfen. Sie wurden nicht enttäuscht, wie folgender Bericht zeigt.

Drei hochrangige Samurai hatten Dokyo Yetan zu sich eingeladen, eine Tasse Tee mit ihnen zu trinken. Lange fragten sie ihn über den Zen aus. Doch da der Meister stets auf sehr rätselhafte Weise antwortete, meinte einer der Samurai schließlich völlig entnervt: »Ihr seid sicherlich ein großer Meister des Zen und in diesem Punkt können wir uns nicht mit euch messen. Aber was die Konzentration betrifft, die zum Kämpfen erforderlich ist, fürchte ich, seid ihr uns nicht ebenbürtig.«

»An eurer Stelle wäre ich da nicht so kategorisch. Das Leben hat mich gelehrt, nie etwas zu behaupten, bevor man es nicht probiert hat«, entgegnete der Mönch.

»Wollt ihr mir tatsächlich die Ehre erweisen, mit euch zu kämpfen?«, fragte der Samurai, und wechselte dabei ironische Blicke mit seinen Begleitern.

»Aber natürlich, scheint es doch die einzige Möglichkeit zu prüfen, ob stimmt, was ihr gesagt habt.« Der Krieger nahm ein Holzschwert und reichte dem Mönch die gleiche Waffe. Doch dieser lehnte ab: »Als Buddhist darf ich keine Waffe tragen, und sei sie auch aus Holz. Mein Fächer soll mir genügen. Greift mich nur an. Falls es euch gelingt, mich zu treffen, will ich euch als Meister anerkennen.«

Mit dem sicheren Gefühl der Überlegenheit und aus Angst, den alten Mönch zu verletzen, griff der Samurai sehr vorsichtig und langsam an. Da sich seine Angriffe jedoch stets im Leeren verloren, beschleunigte er schon bald seine Bewegungen. Als der Schwertkämpfer in seinen vergeblichen Aktionen zu ermüden begann, unterbrach Dokyo Yetan den Kampf mit dem Vorschlag: »Was haltet ihr davon, mich zu dritt anzugreifen? Für mich wäre das eine gute Übung und für euch ergäbe sich ein kleine Chance, mich zu besiegen.«

Restlos in ihrer Kriegerehre verletzt, setzten die drei Samurai alles daran, dem Meister einen Treffer beizubringen. Doch er blieb unfassbar. War es nicht sein Fächer, der die Hiebe ablenkte, entwischte er im letzten Moment mit einer geschickten Körperbewegung. Schließlich mussten die drei Angreifer ihre Niederlage eingestehen.

Dass sie eben nicht durch eine lange Predigt, sondern durch eine verblüffend praktische Demonstration überzeugt worden waren, hatte sie neugierig gemacht und so beschlossen sie, etwas gründlicher nachzuforschen, worin nun das Wesen des Zen bestand. Es liegt auf der Hand, mit wem sie dabei Bekanntschaft machten …

Auf dem Rückweg bat der Novize, der den Meister zu den Samurai begleitet hatte, Dokyo Yetan, ihm seinen geheimen

Trick zu erklären, mit dessen Hilfe er den Schwerthieben ausgewichen war.

»Wenn man den richtigen Blick findet und dieser durch nichts abgelenkt wird, kann man alles erfassen – sogar die schnellen Bewegungen der Fechtkunst. Die meisten Menschen beschäftigen sich mit nichts als mit Worten. Sobald sie einen Namen hören, bilden sie sich daraus ein Urteil und bleiben so einem Schatten verhaftet. Doch wer die Fähigkeit zum richtigen Schauen hat, vermag jedes Objekt in seinem eigenen Licht zu sehen. Beim Anblick des Schwertes weiß er sofort, wie er ihm entgegenzutreten hat. Er stellt sich der Vielfalt der Dinge und ist nicht verwirrt.«

Eine originelle Bekehrung

Schon in seinen Jugendjahren war Otsuka Tesshin zu einem Fechtkunstexperten geworden. Ehrgeizig, auch in anderen Provinzen Ruhm zu erlangen, entschloss er sich zu einer großen Reise, auf der er sich mit anderen Schwertkämpfern messen wollte. Vor seiner Abreise besuchte er den Zenmeister Ryuko, Oberhaupt eines nahe gelegenen Klosters, den er gut kannte, um sich von ihm zu verabschieden. Als Ryuko von dem Motiv seiner Reise erfuhr, warnte er den jungen Tesshin: »Wir leben in einer Welt, deren Größe unser Vorstellungsvermögen übersteigt. Da gibt es natürlich viele Männer eures Faches, die euch überlegen sind. Eure Reise könnte unheilvolle Folgen haben.« Doch der junge Mann schien nicht gewillt, von seiner Entscheidung abzurücken. Da fuhr Ryuko fort: »Seht mich an. Auch ich wäre gerne in der ganzen Welt bekannt. Seit vielen Jahren praktiziere ich nun schon Meditationstechniken, und wie viele Schüler habe ich heute? Wir sollten wissen, wer wir sind, und mit unserer Situation zufrieden sein. In einem Sprichwort heißt es: Bereue nicht, unbekannt zu sein, sondern bereue, nicht zu kennen.«

Da fühlte sich Tesshin angegriffen und rief erbost: »Meint ihr, meine Kunst ist nichts wert? Die Fechtkunst hat nichts mit eurer Disziplin zu tun. Gelingt es mir, außerhalb meiner Heimatstadt jemanden von großem Ruhm im Kampf zu besiegen, wird dies natürlich seinen Freunden und Schülern berichtet werden. In dem Maß, in dem ich Siege nach Hause bringe, wird sich mein Ruf nach und nach im ganzen Land ausbreiten. Außerdem habe ich ein sehr hohes Niveau erreicht und kann also jeden Kampf wagen, wem auch immer ich auf meinem Weg begegne.«

»Am besten, ihr beginnt mit dem, der euch gerade gegenüber sitzt. Falls ihr mich besiegt, sollt ihr eure große Tour durch das ganze Land unternehmen. Falls ihr jedoch verliert, müsst ihr mir versprechen, als Mönch zu leben und mein Schüler zu werden«, schlug der Meister vor.

Bei seiner Antwort konnte Tesshin sich ein Lachen nicht verkneifen: »Mit eurem Zen kennt ihr euch sicherlich aus, aber in der Fechtkunst scheint ihr mir doch eher unerfahren. Falls ihr euer Glück dennoch versuchen wollt, bin ich natürlich bereit.«

Ryuko gab ihm also einen Bambusstock und bewaffnete sich selbst mit einem Hossu (einem Stock mit einer Art Schopf aus Pferdehaar, wie ihn Zenmeister im Allgemeinen tragen). Siegesgewiss versuchte Tesshin sofort, den Meister mit seinem Bambusstock zu treffen. Immer wieder verfehlte er jedoch sein Ziel – und steigerte sich mehr und mehr in seine Wut hinein … Nichts zu machen, all seine Schläge gingen ins Leere. Umgekehrt spürte er bei jedem Angriff, wie ihn der Hossu sanft am Kopf berührte.

Schließlich fragte Ryuko: »Was geht in euch vor?«

Tatsächlich merkte Tesshin, dass sein prahlerisches Gehabe von ihm abgefallen war. Bescheiden erkannte er seine Niederlage an. Der Meister verlor keine Zeit: Er hieß seine Assistenten die erforderlichen Utensilien bringen, um Tesshins Kopf zu rasieren und ihn zum Mönch zu machen.

Die Prüfung

Masamune war Herrscher über sämtliche nordöstlichen Provinzen Japans und selbst ein Schüler des Zen. Als er einen guten Abt für den Tempel suchte, in dem die Asche seiner Vorfahren aufbewahrt wurde, empfahl man ihm einen Mönch, der in einem kleinen Tempel auf dem Land wohnte. Um ihn zu testen, lud er diesen Mönch auf sein Anwesen in Sendai ein. Rinan, so hieß der Mönch, nahm die Einladung an und fand sich bei Masamunes Residenz ein. Dort führte man ihn durch einen langen Gang und teilte ihm mit, der Herr erwarte ihn in einem der Gemächer. Als er eine Schiebetür öffnete, um in ein Zimmer einzutreten, fand er niemanden; er durchquerte das Zimmer und betrat ein weiteres. Wieder niemand. Geduldig wandte er sich einer anderen Tür zu. Als er diese nun aufschob, hieß ihn Masamune auf eine sehr ungewöhnliche Weise willkommen: mit einem Schwert in der Hand, offensichtlich bereit, dem Mönch einen schweren Hieb zu versetzen. In dieser Situation fragte er den Mönch: »Woran denkt ihr in diesem Moment, da ihr zwischen Leben und Tod schwebt?«

Rinan indes schien überhaupt nicht erschrocken durch diese Begrüßung, als Antwort machte er einen großen Satz über das Schwert des Kriegers hinweg und brachte dem völlig überraschten Masamune einen schmerzhaften Schlag bei. Da rief der Herrscher der nordöstlichen Provinzen, ein weithin gefürchteter Krieger, wütend: »Das ist ein gefährliches Spiel, das du da mit mir treibst!« Woraufhin ihm der Mönch in den Rücken schlug und entgegnete: »Was für ein anmaßender Mensch du doch bist!«

Der Schütze und der Mönch

Seit Stunden durchstreifte ein Bogenschütze nun schon den Wald auf der Suche nach Wild. Schließlich stieß er doch noch auf die Spur eines Hirsches und folgte ihr. Als er an einem Heiligtum vorbeikam, wo Meister Qian lebte, fragte er ihn, ob er vielleicht einen Hirsch gesehen habe; er habe nämlich gerade die Verfolgung aufgenommen.

»Ah, ihr jagt Hirsche«, antwortete der alte Mönch, »aber, sagt mir: Wie viele könnt ihr mit einem Pfeil treffen?«

»Einen natürlich«, entgegnete der Jäger.

»Da macht ihr euch aber viel Mühe für so wenig Beute.«

»Was wollt ihr damit sagen? Und was wisst ihr überhaupt vom Bogenschießen?«

»Ich praktiziere selbst die Kunst des Bogenschießens«, erklärte der Mönch.

»Und wie viele Hirsche vermögt ihr also mit einem Pfeil zu treffen«, fragte der Jäger spöttisch.

»Eine ganze Herde.«

»Erzählt mir keine Geschichten«, rief der Jäger aus.

»Was wisst ihr schon … Ich muss allerdings gestehen, es gibt da eine ganz bestimmte Methode«, entgegnete der Mönch.

»Ah ja, und welche?«

»Man muss üben, Pfeile gegen sich selbst abzuschicken, so lange, bis man sich nicht mehr verfehlt«, erklärte Qian.

»Ich muss zugeben, ich wüsste nicht einmal, wie ich es anstellen sollte, auf mich selbst zu zielen«, antwortete der Jäger verwirrt.

Es heißt, der Jäger habe angesichts dieses offensichtlich unlösbaren Problems plötzlich einen Moment des Erwachens gehabt, ein Satori, wie die Zenmeister sagen. Und so entschloss sich der Jäger, dem alten Mönch zu folgen, um die Kunst, auf sein eigenes Herz zu zielen, zu erlernen.

Siegen,
ohne zu kämpfen

»Wer die Kunst wirklich beherrscht,
benutzt kein Schwert –
der Gegner tötet sich selbst.«

Tajima no Kami

Immer wieder betonen die großen Meister, die höchste Meisterschaft bestehe darin zu siegen, ohne zu kämpfen. Ihre Kunst dürfe nicht zum Töten dienen, sondern zum Schutz des Lebens.

Den Meistern wäre es ein Leichtes, ihre kämpferische Überlegenheit Feinden gegenüber auszuspielen. Doch sich gegen einen Angreifer durchzusetzen, ohne ihn zu verletzen, ohne überhaupt zu kämpfen – das ist die wahre Leistung. Schließlich liegt die Kunst darin, einen Gegner zu entmutigen oder, besser, sich mit ihm zu versöhnen. Denn wie es in einem chinesischen Sprichwort heißt: »Ein Gegner, den du besiegst, bleibt dein Feind. Ein Feind, den du überzeugst, wird dein Freund.«

Zu siegen, ohne zu kämpfen, ist nicht jedem gegeben. »Ein gewöhnlicher Mensch wird sein Schwert ziehen, wenn er sich beleidigt fühlt, und sein Leben aufs Spiel setzen. Mutig kann man ihn aber nicht nennen. Einen hervorragenden Mann verwirren nicht einmal die überraschendsten Situationen, denn er hat eine große Seele und ein edles Anliegen«, pflegte Funakoshi Gishin zu sagen. Wer sich angesichts einer Gefahr nicht zu beherrschen weiß, reagiert aggressiv und gewalttätig – und spielt so letztlich das Spiel des Gegners. Wer sich so verhält, wähnt sich oft sogar bedroht, wo überhaupt keine Gefahr besteht. Wer hingegen stets Meister seiner selbst bleibt, vermag in jeder Situation mit Klarsicht und unter Einsatz all seiner Möglichkeiten zu handeln. Gewalttätig zu reagieren ist die einfache Lösung, die Ruhe zu bewahren – das ist die Herausforderung. Genau das bringt Laotse mit den berühmten Worten aus dem »Tao te king« zum Ausdruck: »Jemandem seinen Willen aufzuzwingen ist eine Demonstration gewöhnlicher Stärke – ihn sich selbst aufzuzwingen ist ein Beweis wahrer Macht.«

Wird ein Meister, gegen seinen Willen, in eine Auseinandersetzung verwickelt, gelingt es ihm meist, seinen Gegner unschädlich zu machen, ohne wirklich zu kämpfen. Das Wesen japanischer Kampfkunst ist Gewaltlosigkeit. Sie basiert auf dem Prinzip des »Nichtwiderstehens«: Die Kraft des angreifenden Gegners wird zu dessen Nachteil benützt. Wer sich – statt die Bewegung des Gegners einfach nur abzublocken – auf diese Weise verteidigt, der vermag den Bewegungen auszuweichen und sie umgekehrt gegen den Angreifer zu lenken. Schiebt der Gegner, genügt es, ihm auszuweichen oder ihn noch ein wenig zu ziehen – und er bringt sich selbst zu Fall. Zieht er, muss man lediglich ein bisschen nachgeben. Je stärker der Angriff, desto schwerer der Rückschlag. Das Nichtwiderstehen macht den Angreifer zum Opfer seines eigenen Angriffs und lässt ihn die Früchte seiner schlechten Absichten ernten. Was könnte gerechter sein.

Die wahre Kampfkunst, etymologisch die »Kunst, die Lanze anzuhalten«, ist eine hervorragende Übung dessen, was in den Unterweisungen des Daoismus und des Zen Wuwei genannt wird. Allgemein mit »nicht handeln« übersetzt, bedeutet Wuwei so viel wie: geschehen lassen, handeln ohne einzugreifen, ohne sich entgegenzustemmen. Um ein daoistisches Bild aufzugreifen: »Das Prinzip des Wuwei bewegt alle Dinge, ganz einfach deshalb, weil sich nicht die Achse dreht, sondern das Rad.«

In der östlichen Tradition symbolisiert das Element Wasser am besten das Wesen des Wuwei, des Nichthandelns und Nichtwiderstehens:

»Das Wasser widersteht niemandem,
und so kann ihm auch niemand widerstehen.«

»Das Wasser gibt der Macht des Messers nach, ohne dass die Schneide ihm etwas anhaben könnte;
es ist unverwundbar, weil es keinen Widerstand leistet.«

Gleichmut, die Waffe des Weisen

Eines Abends betrat ein kleiner Mann, der nicht mehr sehr jung war, eine Kneipe in einem der übelsten Viertel von Naha, der Hauptstadt von Okinawa. Kaum hatte er die Türschwelle überschritten, traf ihn ein Faustschlag im Nacken; ihm war gerade noch die Zeit geblieben, seine Rückenmuskeln anzuspannen, um den Hieb von hinten abzufangen. Sofort erfasste der kleine Mann den Arm des Angreifers. Mit einem für den Angreifer schmerzvollen Griff schleppte er ihn gemächlich durch die Kneipe bis zum Tresen, ohne ihn auch nur eines Blickes zu würdigen. An der Bar bestellte er etwas zum Essen und Sake.

Nachdem er einen Schluck vom Reiswein getrunken hatte, zog er den Angreifer vor sich hin, um ihn zu betrachten. Mit gleichmütigem Blick erklärte er ihm: »Ich weiß wirklich nicht, was ihr gegen mich habt, junger Mann, aber was haltet ihr davon, ein Gläschen mit mir zu trinken?«

Der kleine Mann war Itosu, einer der berühmtesten Karatemeister Okinawas. Bei ihm hat z. B. Funa-koshi Gishin gelernt.

Einige Jahre nach diesem Vorfall spazierte Meister Itosu nachts über eine Straße – als ihn ein furchtbarer Faustschlag in den Rücken traf. Auch diesmal hatte er gerade noch die Zeit, seine Rückenmuskeln anzuspannen und den Arm des Gegners zu ergreifen. Ohne sich umzudrehen, zog er den Schurken, der sich vergeblich wehrte, einige Meter weit hinter sich her.

Sichtlich beunruhigt durch diese souveräne Demonstration der Kampfkraft, entschuldigte sich der junge Mann und bat den Meister inständig um Vergebung.

Der drehte sich um, sah ihn an und sagte nur: »Ihr seid wirklich nicht sehr vernünftig. Ihr solltet einem alten Mann wie mir nicht solche Streiche spielen.«

Mit diesen Worten ließ er den jungen Angreifer los und setzte friedlich seinen Spaziergang fort.

Die Schule des waffenlosen Kampfes

Als der berühmte Meister Tsukahara Bokuden einmal einen Fluss auf dem Floß überquerte, fand sich unter den Mitreisenden auch ein anmaßender Samurai: In einem fort prahlte er mit seinen Fähigkeiten und seiner Meisterschaft in der Fechtkunst. Seinen Worten zufolge war er der japanische Meister aller Kategorien. Alle schienen ihm zu glauben – in einer Mischung aus Bewunderung und Furcht. Alle? Nicht wirklich, denn Bokuden hielt sich im Abseits und zeigte sich von den Angebereien völlig unberührt. Als der Samurai dies bemerkte, trat er an Bokuden heran und meinte etwas irritiert: »Du trägst auch zwei Schwerter. Wenn du Samurai bist, warum sagst du dann kein Wort?«

Ruhig antwortete Bokuden:

»Deine Erzählungen betreffen mich nicht. Meine Kunst ist eine andere als deine. Bei ihr geht es nicht darum, andere zu besiegen. Vielmehr geht es darum, nicht besiegt zu werden.«

Der Samurai kratzte sich am Kopf und fragte:

»So so, und in welcher Schule hast du gelernt?«

»In der Schule des Kampfes ohne Waffen.«

»Und warum trägst du dann Schwerter?«

»Sie sollen mich daran hindern, meine Beherrschung zu verlieren und auf Provokationen einzugehen. Das ist eine große Herausforderung.«

Gereizt fuhr der Samurai fort:

»Und du meinst wirklich, du kannst ohne Schwert mit mir kämpfen?«

»Warum nicht? Möglicherweise würde ich sogar gewinnen.« Außer sich vor Wut, schrie der Herausforderer den Fährmann an, er solle sofort zum nächstgelegenen Ufer rudern. Bokuden schlug hingegen vor, lieber eine kleine unbewohnte Insel anzusteuern. Dort könnten sie in Ruhe den Kampf austragen, ohne Aufruhr zu verursachen. Der Samurai willigte ein. Sobald eine entsprechende Insel erreicht war, sprang der Samurai ans Ufer, um mit gezogenem Schwert seine Kampfbereitschaft zu demonstrieren.

Bokuden indes nahm sorgsam seine zwei Schwerter, gab sie dem Fährmann und schickte sich an, vom Floß zu steigen – doch plötzlich riss er den Stab des Fährmannes an sich, stieß schnell das Floß vom Ufer ab und schob es wieder in die Strömung.

Dann wandte er sich dem zornig gestikulierenden Samurai auf der Insel zu und rief: »Siehst du – das meine ich damit, ohne Waffen zu siegen.«

Drei Fliegen

In einer einsamen Herberge hatte sich ein Gast, ein Samurai, allein an einem Tisch zum Essen niedergelassen. Trotz dreier Fliegen, die um seinen Kopf herumschwirrten, bewahrte er seine Seelenruhe.

Da betraten drei fahrende Krieger, herrenlose Kämpfer, den Raum. Neidisch bemerkten sie die zwei großartigen Schwerter, die der einsame Mann bei sich trug. Da sie sich ihrer Überlegenheit – drei gegen einen – sicher wähnten, setzten sie sich an einen benachbarten Tisch und versuchten den Samurai mit allen Mitteln zu provozieren. Der blieb unerschütterlich, als hätte er nicht einmal die Anwesenheit der drei Vagabunden bemerkt. Mit einer penetranten Ausdauer fuhren die drei mit ihrem Gespött fort. Plötzlich fing der Samurai die drei Fliegen, die über seinem Kopf kreisten, in drei blitzschnellen Bewegungen – und zwar mit den Ess-Stäbchen, die er in den Händen hielt. Ganz bedächtig legte er dann die Stäbchen wieder hin, völlig ungerührt von dem erstaunten Ausdruck auf den Gesichtern der drei Krieger. Sprachlos vor Schrecken, ergriffen sie die Flucht. Sofort hatten sie verstanden, dass sie an einen Meister mit furchtbaren Fähigkeiten geraten waren. Später erfuhren sie, zu ihrem erneuten Schrecken, wer sie so geschickt entmutigt hatte: der berühmte Meister Miyamoto Musashi.

Die Entwaffnung des Mörders

Mit zunehmender Hingabe an die Sache studierte der Lehnsherr Taiko bei Sen no Rikyu, einem Meister von großer Ausgeglichenheit, das Chanoyu (Teezeremonie). Kato, einem Samurai aus der Gefolgschaft Taikos, war die Leidenschaft seines Herrn für die Teezeremonie ein Dorn im Auge, schien sie ihm doch eine Zeitverschwendung und schädlich für die Regierungsgeschäfte. Immer mehr ergriff ein Gedanke Besitz von ihm: schlicht und einfach Sen no Rikyu beseitigen. Um seine Idee in die Tat umsetzen zu können, musste er erst einmal an Sen no Rikyu rankommen. So ließ er sich vom Meister zu einer Tasse Tee einladen.

Sen no Rikyu, der dank seiner Kunst einen hohen Grad an Menschenkenntnis erreicht hatte, erkannte die kriminellen Absichten des Samurai auf den ersten Blick.

»Lasst euer Schwert am Eingang. Für eine friedliche Teezeremonie werdet ihr es nicht benötigen«, erklärte er.

»Niemals trennt sich ein Samurai von seinem Schwert, unter keinen Umständen«, erwiderte Kato.

»Gut, gut, behaltet euer Schwert und tretet ein«, gab der Meister schließlich nach.

So ließen sich die beiden Männer Angesicht zu Angesicht nieder und Kato behielt sein Schwert in Reichweite. In aller Ruhe begann Sen no Rikyu mit der Zubereitung des Tees. Doch plötzlich stieß er den Kessel um. Zischend kippte der Inhalt auf das Feuer und das ganze Zimmer füllte sich mit Dampf, Rauch und Asche. Sofort war der Samurai aufgesprungen und hatte den Raum verlassen. Der Meister kam ihm hinterhergelaufen und entschuldigte sich: »Das war mein Fehler. Kommt doch zurück und trinkt eine Tasse, ich bitte euch. Euer Schwert ist auch ganz mit Asche bedeckt. Ich werde es waschen und euch zurückgeben.« Da begriff der Samurai, dass es ein schwieriges Unterfangen war, den Meister der Teezeremonie zu töten, und er gab sein Vorhaben auf.

Eine überzeugende Vorführung

Mit dem festen Vorsatz, ihn herauszufordern, um zu prüfen, ob sein Ruf begründet war, besuchte ein fahrender Krieger den Meister der Fechtkunst Matajuro Yagyu. Meister Yagyu versuchte dem Vagabunden zu erklären, dass das Motiv seines Besuchs dumm sei und er keinen Grund dafür sehe, die Herausforderung anzunehmen. Der Besucher, der den Anschein eines ehrgeizigen und gefährlichen Experten machte, war aber nicht von seinem Vorhaben abzubringen. Im Gegenteil: Um den Meister zu provozieren, fing er sogar noch an, ihn als Feigling zu verspotten.

Doch Matajuro Yagyu verlor keineswegs seine Geduld. Ruhig lud er den Herausforderer ein, ihm in seinen Garten zu folgen. Dort angelangt, deutete er zur Krone eines Baumes hinauf. War das ein Trick, um ihn abzulenken? Nervös legte der Gast seine Hand auf den Griff seines Schwertes und wich einige Schritte zurück, bevor er in die angezeigte Richtung blickte. Auf einem Ast saßen zwei Vögel, na und?

Ohne seinen Blick von den Vögeln zu wenden, atmete Meister Yagyu tief durch – und stieß einen Kiai aus, einen Schrei von fabelhafter Kraft. Wie vom Blitz getroffen, fielen die beiden Vögel zu Boden und blieben reglos liegen.

»Was denkt ihr?«, fragte Matajuro Yagyu seinen Besucher.

»Unglaublich …«, stammelte der nur, sichtlich erschüttert, als hätte der Kiai auch ihn durchdrungen.

»Aber das Erstaunlichste habt ihr noch nicht gesehen …« Sogleich war der zweite Kiai von Meister Yagyu zu hören. Diesmal fingen die Vögel an, mit den Flügeln zu schlagen und flogen davon.

Der Herausforderer auch.

Das Herz der Weide

Bis nach China war der Arzt Shirobei Akyama gereist, um neue Methoden der Heilkunde, Akupunkturtechniken und ein wenig Shuaijiao, das chinesische Ringen, zu erlernen.

Nach Japan zurückgekehrt, ließ er sich in der Nähe von Nagasaki nieder und begann das Erlernte weiterzuvermitteln. Gegen Krankheiten setzte er starke Arzneimittel ein und in der Kampfpraxis bewies er seine Kraft. Doch bei einigen sehr schweren und komplizierten Krankheiten waren seine Mittel ohne Wirkung, und bei körperlich überlegenen Gegnern versagten seine Techniken. Nach und nach verließen ihn seine Schüler. Entmutigt stellte Shirobei schließlich seine ganze Methode in Frage. Um der Sache in Ruhe auf den Grund gehen zu können, beschloss er, sich in einen kleinen Tempel zurückzuziehen und sich eine hunderttägige Meditation aufzuerlegen.

In den Stunden der Meditation stieß er immer wieder auf die gleiche Frage, die er nicht beantworten konnte: »Kraft gegen Kraft zu stellen ist keine Lösung, denn die Kraft wird durch eine stärkere Kraft besiegt. Was also tun?«

Eines Morgens, als er gerade im Garten des Tempels im Schnee spazieren ging, erhielt er völlig unerwartet die Antwort: Durch das Knacken des Astes eines Kirschbaums, der unter dem Gewicht des Schnees brach, wurde er indirekt auf eine Weide am Flussufer aufmerksam. Die biegsamen Zweige der Weide gaben dem Gewicht des Schnees so weit nach, bis sie sich von ihrer Bürde befreit hatten, der Schnee von ihnen abgeglitten war. Dann nahmen sie, völlig intakt, ihren Platz wieder ein.

Dieses Bild war für Shirobei eine Erleuchtung. Er entdeckte die großen Prinzipien des Dao wieder. Die Sätze Laotses kamen ihm in den Sinn:

Wer sich beugt, wird wieder aufgerichtet werden.
Wer nachgibt, wird ganz bleiben.

Nichts ist weicher als das Wasser.
Doch gilt es, das Harte und Starre zu besiegen.
Bleibt es unübertroffen.

Starrheit führt in den Tod.
Flexibilität führt zum Leben.

Von seinem Erlebnis und den Worten Laotses inspiriert, gestaltete der Arzt aus Nagasaki seine Lehre komplett um. Die neue Form erhielt den Namen Yoshinryu, Schule des Weideherzens, Kunst der Flexibilität. Diese Kunst unterrichtete er von nun an zahlreichen Schülern.

Die Reife des Kampfhahns

Der König von Zhou persönlich hatte Ji Xing mit dem Abrichten eines Kampfhahns betraut. Es war ein Prachtexemplar, schien geradezu prädestiniert zum Kämpfen und absolut viel versprechend. Der König konnte also baldige Erfolge erwarten ... und er begriff nicht, warum man ihm zehn Tage später immer noch keine Fortschritte des Hahnes meldete. So beschloss er kurzerhand, Ji persönlich aufzusuchen und ihn nach dem Hahn zu fragen.

»Oh nein, Herr, er hat noch nicht annähernd die nötige Reife erlangt. Er ist noch stolz und zornig«, antwortete Ji.

So vergingen noch einmal zehn Tage. Ungeduldig erkundigte sich der König erneut bei Ji – der erklärte:

»Der Hahn macht Fortschritte, Majestät, aber er ist noch nicht bereit, denn er reagiert aufgeregt und aggressiv, sobald ein anderer Hahn auch nur in seine Nähe kommt.«

Zehn Tage später erschien der König wieder. Durch das lange Warten war er nun schon recht gereizt und wollte den Hahn nun wirklich holen und kämpfen lassen. Da versperrte Ji dem König mit den Worten den Weg:

»Nicht jetzt, es ist noch zu früh! Euer Hahn hat seine Kampflust noch nicht ganz verloren und sein Feuer lässt sich noch allzu leicht entfachen.«

Der König begriff nicht ganz, was der alte Ji da faselte. Die Lebhaftigkeit und der Schwung – waren sie nicht der Garant der Kampfstärke? Da Ji Xingzi nun aber der angesehenste Fachmann im ganzen Königreich war, vertraute er ihm und wartete.

Nach weiteren zehn Tagen war der König mit seiner Geduld am Ende. Diesmal war er entschlossen, das Training abbrechen zu lassen. Er ließ Ji zu sich rufen und teilte ihm seinen Beschluss mit – in einem Ton, der seine schlechte Laune deutlich zu erkennen gab. Lächelnd erklärte Ji: »Nun gut, jedenfalls ist der Hahn jetzt fast reif. Auf das Krähen anderer Hähne reagiert er nicht mehr. Er bleibt allen Provokationen gegenüber gleichgültig, regungslos wie ein Stück Holz. Seine Qualitäten sind nun sicher in seinem Herzen verankert und seine innere Kraft hat sich in einem beachtlichen Maß entwickelt.«

In der Tat: Als der König ihn kämpfen lassen wollte, waren die anderen Hähne ihm offensichtlich nicht gewachsen. Sie riskierten gar nicht erst einen Kampf. Schon bei seinem Anblick ergriffen sie die Flucht.

Das letzte Geheimnis

*»Wer bis zum Geheimnis des Budo vordringt,
hat das Universum in sich und kann sagen:
Ich bin das Universum. Wer versucht mich
zu bekämpfen, hat also das ganze Universum
gegen sich und würde dessen Harmonie
zerstören. In dem Moment, da er auch nur
den Gedanken hegt, sich mit mir zu messen,
ist er bereits besiegt.«*

Ueshiba Morihei

So schwer zu durchdringen das Geheimnis der großen Meister auch sein mag, sie haben bedeutsame Zeugnisse darüber hinterlassen, Zeugnisse von verblüffender Eingängigkeit.

»Das wahre Ziel des Bogenschützen soll sein eigenes Herz sein«, lautet die Maxime des Kyudo, dem Weg des Bogenschießens. Kokoro heißt im Japanischen das Herz, aber auch der Geist, das Sein. Wie sich das Herz im Körper eingebettet findet, so ist Kokoro das Zentrum des Menschen, das – unter der Schale der Erscheinung – sein tiefstes Sein pulsieren lässt.

Wie Bergführer zeigen die Meister den Weg, die Etappen, die es zu nehmen gilt, will man auf sein eigenes Herz zielen. Der berühmte Zenmeister Takuan lehrte seinen nicht minder berühmten Schüler Tajima no Kami, Fechtlehrer des Shogun, dass der Weg des Herzens mit der »Nichtverschwendung von Energie« beginnt, dem wirklichen »Konzentrieren«. Wird das Ki in die Bewegungen des Gegners geleitet, wirken diese selbst hypnotisierend auf ihn; lenkt man es auf die Verteidigung, wird er völlig von der Idee der Verteidigung eingenommen. Mit einem gefangenen Ki ist man dem Gegner ausgeliefert. Um es zu befreien – empfiehlt Takuan –, lässt man es zunächst den ganzen Körper ausfüllen und das ganze Sein durchdringen. Gelingt es, das Ki von Überlegungen und Gefühlsregungen freizuhalten, wird es genau dort handeln, wo es gebraucht wird, mit der Geschwindigkeit eines Blitzes.

Die Japaner nennen dieses »Fließen« des Ki auch Munen oder Muso, was so viel heißt wie »nicht mental«. Traditionell wird dieser Zustand mit der Klarheit des Mondes verglichen: Obgleich einzigartig, spiegelt er sich überall wider, wo es Wasser gibt – ohne Unterscheidung, und in jedem Moment.

So wie Meister Takuan rät, den ganzen Körper mit Ki auszufüllen, betonen die Daoisten und Meister des Tai Chi, der menschliche Körper ähnle der Erde – denn er birgt unterirdische Flüsse in sich:»Sind diese Ströme nicht versperrt, fließt die Energie von selbst.« Diese Weisheit des Körpers scheinen viele Kampfkünstler heute vergessen zu haben, wenn sie Körperbeherrschung verwechseln mit Muskeltraining, mit Abhärtung und einer Kondition, die »alles schlägt«. Immer wieder betonen die Eingeweihten des Daoismus:»Ein Daoist pflegt seinen physischen Körper mit der gleichen Sorgfalt wie einen wertvollen Edelstein, denn ohne Körper ist das Dao nicht zu erlangen.«

Der Weg der Kampfkünste gründet in der Tat auf einer Körperarbeit, einer Körpermeditation. Der Körper kann als »Sammelbecken« für Energien dienen, die im Inneren eine geheimnisvolle Alchemie bewirken.

»Gelingt es dem Adepten, das kleine Universum, welches sein Körper ist, zu harmonisieren, wird er sich auch im Einklang mit dem Kosmos finden«, erklären die Daoisten. »Der Weg der Kampfkünste besteht wesentlich darin, das Herz des Universums zu seinem eigenen Herzen zu machen; das heißt, eins mit dem Zentrum des Universums zu sein.« So lautet die zunächst überraschende Aussage von Meister Ueshiba.

Die esoterische Wissenschaft lehrt – wie alle großen Traditionen –, dass der Mensch als Mikrokosmos lediglich das verkleinerte Modell des Universums, des Makrokosmos, darstellt. Folglich beinhaltet der Mensch zumindest seinen Anlagen nach alle Aspekte des Universums. Er folgt den gleichen Gesetzen, den gleichen Rhythmen. Die Kunst, auf sein eigenes Herz zu zielen, führt zur Harmonisierung seiner selbst im Bestreben, sich an die Ursprungsquelle des Ki »anzuschließen«. Es heißt, die großen Meister hätten die erstickende Wand des Ich eingerissen, um ihr Sein vom Atem des Universums durchdringen zu lassen. Die Magie des Dao wirkt durch sie hindurch. Mit Hilfe des Wuwei, des »Nicht-widerstehens«, des »Nichthandelns« bzw. »absichtslosen Handelns«, entwickeln sie die »Kunst ohne Künstelei« zur Vollendung.

»Auf dem Weg eines Meisters bellen die Hunde nicht«, besagt ein fernöstliches Sprichwort. Mit sich und mit dem Universum versöhnt, »nimmt er das Andere in seinem eigenen Herzen auf«, vertraut uns Meister Ueshiba an. Ein solcher Mensch wirkt allein durch seine Präsenz harmonisierend auf seine gesamte Umwelt.

»Mit dem einen Ende seines Bogens dringt der Schütze in den Himmel ein, mit dem anderen in die Erde, und von der Schnur, die beide verbindet, schnellt der Pfeil weg, auf das sichtbare und unsichtbare Ziel zu.« Der Bogenschütze, das ist dem »Buch der Riten« zufolge der Mensch schlechthin, der in der Schöpfung eine gleich wichtige Rolle spielt wie Himmel und Erde: »Der Himmel erzeugt, die Erde nährt, der Mensch vollendet.« Der Mensch, der die Kunst, auf sein eigenes Herz zu zielen, praktiziert, findet seinen wahren Platz wieder: als Bindeglied zwischen Körper und Geist, Himmel und Erde.

Der Weg der Kampfkünste, wie ihn die wenigen echten Meister lehren, führt wie ein Ariadnefaden zur Fähigkeit, die Herausforderung anzunehmen.

Stets unterstreichen die Meister, dass das große Abenteuer – welchen Weg zur Lösung des universellen und existenziellen Rätsels man auch wählen mag – nur über wirkliche, eigene Erfahrungen zu bewältigen ist, in einer intensiven Lehrzeit bei einem wahrhaften Meister. Klar muss sein, fügen sie hinzu, dass sich die höchste Wirklichkeit nicht mit Worten oder Symbolen vermitteln lässt. Ein erfahrener Führer kann beraten, ermutigen, doch das Geheimnis kann nicht von einem Menschen zum anderen weitergereicht werden; man muss es erobern.

»Was ihr durch die Worte anderer gelernt habt, werdet ihr schnell vergessen.

Was ihr mit eurem ganzen Körper verstanden habt, daran werdet ihr euch euer Leben lang erinnern.«

Funakoshi Gishin

»Etwas zu kennen bedeutet, es konkret erfahren zu haben. Ein Kochbuch wird euren Hunger nicht befriedigen.«

Takuan

Der missbrauchte Blick

In Naha, der Hauptstadt von Okinawa, lebte ein Handwerker, der seinen Lebensunterhalt mit dem kunstvollen Gravieren von Gegenständen verdiente, die man ihm brachte. Als Mann von über vierzig hatte er noch gut durchtrainierte Muskeln und er war von stattlicher Statur.

Eines Tages betrat ein Mann, der die dreißig noch nicht überschritten hatte, den Laden des Handwerkers, um eine Gravur in Auftrag zu geben. Der Mann war groß, von stolzer Haltung, was aber vor allem auffiel, waren seine merkwürdigen Augen: Sein Blick war durchdringend wie der eines Adlers – doch an jenem Tag drückte er vor allem tiefe Verbitterung aus.

Sofort fragte der Handwerker: »Entschuldigt meine Neugier, aber seid ihr nicht Matsumura, der berühmte Karatemeister?«

»Der bin ich. Warum fragt ihr?«

»Wusste ich es doch«, rief der Graveur begeistert aus, »schon lange hoffe ich auf die Gelegenheit, bei euch Unterricht in Karate nehmen zu können.«

»Unmöglich, ich lehre nicht mehr. Ich möchte nichts mehr von Karate hören«, war die überraschende Antwort Matsumuras.

»Ich verstehe nicht. Ihr seid doch der Karatelehrer des Clanchefs.«

»Das war ich. Eben genau jener hat mir die Lust genommen, Karate zu unterrichten.«

»Ihr seid einer der besten Lehrer des Landes. Ich verstehe euch nicht.«

»Das ist ganz einfach. Der Clanchef hat große Schwächen

in seiner Kampftechnik. Doch eitel, wie er ist, will er sie nicht sehen und aufgrund seiner Nachlässigkeit korrigiert er sie auch dann nicht, wenn ich ihn direkt darauf hinweise. Ich wusste nicht mehr recht, wie ich mich ihm gegenüber verhalten sollte. Das letzte Mal forderte ich ihn auf, mich anzugreifen, um seine Fehler analysieren zu können. Er begann seinen Angriff, dem Stil eines Anfängers würdig, mit einem Kicksprung. Mit einem Schlag mit offener Hand pflückte ich ihn regelrecht aus der Luft … er knallte auf den Boden, wo er völlig lädiert liegen blieb. So habe ich meine Arbeit verloren.«

»Ich verstehe. Aber seid unbesorgt, er wird euch sicher wieder in seine Dienste aufnehmen. Denn einen besseren Lehrer als euch wird er kaum finden.«

»Ich bezweifle, dass er mir verzeihen wird. Jedenfalls habe ich beschlossen, nicht mehr zu unterrichten.«

»Das ist unklug von euch. Ihr müsstet wissen, dass es im Leben Hochs und Tiefs gibt. Im Übrigen liegt mir wirklich viel daran, Unterricht bei euch nehmen zu dürfen.«

»Zählt nicht auf mich«, unterbrach ihn Matsumura trocken, »davon abgesehen, hat ein Fachmann keine Lektion von mir zu lernen.«

In der Tat war der Graveur selbst ein angesehener Kampfkunstexperte.

»Was wisst ihr schon?« insistierte der Graveur, »vielleicht kann ich sogar sehr viel von euch lernen.«

»Ihr beginnt, mir auf die Nerven zu gehen«, versetzte Matsumura schon recht ungehalten.

»Wenn ihr mich nicht unterrichten wollt, dann gesteht mir wenigstens einen Kampf mit euch zu«, schlug der Handwerker nun vor.

»Wie bitte? Seid ihr noch ganz bei Trost?«

»Sagt bloß, ihr habt Angst! Natürlich: Mich in den Staub zu werfen ist nicht ganz so einfach wie beim Clanchef!«

»Ihr scheint durchaus sehr gut in Form zu sein, aber glaubt ihr nicht, dass ihr euch hier auf ein gefährliches Spiel einlasst? Habt ihr bedacht, dass ein solcher Kampf auf Leben und Tod lautet? Ihr kennt doch sicher das Sprichwort: Wenn zwei Tiger kämpfen, wird einer verwundet, der andere getötet.«

»Ich bin bereit, das Risiko einzugehen. Und ihr?«

»Wenn ihr unbedingt wollt«, antwortete Matsumura.

Am nächsten Tag, im Morgengrauen, trafen sich die beiden Männer auf einer abgelegenen Wiese. Vorsichtig nahm der Graveur seine Kampfhaltung ein, bedacht, sich keine Blöße zu geben. Matsumura dagegen blieb in natürlicher Haltung (Shizen Tai) stehen, lediglich die Fäuste hatte er geballt. »Ist er verrückt geworden, eine solch angreifbare Haltung zu wählen?«, ging dem Graveur noch durch den Kopf, als er mit seinem Angriff begann. Behutsam, mit größter Vorsicht näherte er sich seinem Gegner – der sich keinen Zentimeter vom Fleck rührte. Als der Graveur gerade selbst springen wollte, fiel er unvermittelt rückwärts um, wie durch einen mächtigen Schlag getroffen.

Matsumura indes hatte keinerlei Bewegung auch nur angedeutet. Wie zuvor stand er regungslos mit geballten Fäusten da.

Schweißperlen benetzten die Stirn des Graveurs, als er sich mit leichenblassem Gesicht wieder aufrichtete. Was war geschehen? Ihm war, als hätte ihn der Blick niedergestreckt, den Matsumura ihm zugeworfen hatte. Ein unerträglicher Blick, der ihn bis in die Eingeweide getroffen hatte. War das möglich? Gar nicht genug konnte sich der arme Handwerker darüber wundern. Aber er wollte nicht aufgeben, seine Ehre stand auf dem Spiel. Er fasste sich also, um einen neuen Angriff vorzubereiten. Doch kaum hatte er ein paar Schritte gemacht, musste er anhalten, unfähig, weiterzugehen. Durch Matsumuras Blick gebannt, fühlte er sich wie in der Falle, sämtlicher Kräfte beraubt.

Unfähig, seinen Blick von dem des Gegners zu lösen, unternahm er einen letzten Versuch, den Bann zu brechen: Mit all seiner verbliebenen Kraft stieß er einen Kiai aus ... ohne Erfolg. Matsumura hatte nicht einmal geblinzelt. Verzweifelt gab der Graveur seine Deckung auf und wollte sich zurückziehen.

»Es wäre an der Zeit, zu einem Angriff ohne Geschrei überzugehen«, meinte da lächelnd Matsumura.

»Das ist unglaublich. Das übersteigt mein Verständnis. Ich, der ich noch nie auch nur einen einzigen Kampf verloren habe. Doch, sei's drum, jetzt muss es zu Ende geführt werden. Besser sterben, als sein Gesicht zu verlieren«, murmelte der Handwerker, bevor er sich in einen letzten selbstmörderischen Angriff stürzte. Er hatte kaum die Zeit, zu seinen Bewegungen anzusetzen: Schon machte ein Kiai sein Bestreben zunichte, ein fantastischer Schrei aus den Tiefen des Seins, wie aus einer anderen Welt.

Wie gelähmt am Boden liegend, stotterte der Graveur mehrmals die gleichen Worte, bis er sich verständlich machen konnte: »Ich gebe auf, ich gebe auf ...« Mit schmerzverzerrtem Gesicht wandte sich der Handwerker seinem Bezwinger zu und erklärte in seinem jämmerlichen Zustand: »Welch Narr ich war, euch herauszufordern. Mein Niveau ist lächerlich im Vergleich zu eurem.«

»Das glaube ich nicht«, antwortete Matsumura, »ich bin sicher, dass ihr ein hervorragender Kämpfer seid. Ich fürchte sogar, unter anderen Umständen hätte ich verlieren können.«

»Versucht nicht, mich zu trösten. Meine ganze Kraft habe ich allein schon in dem Moment eingebüßt, als euer durchdringender Blick mich traf.«

»Mag sein«, gab Matsumura zurück, »ich denke, der wahre Grund ist aber folgender: Ihr hattet nur euren Sieg vor Augen. Ich dagegen war bereit zu sterben, falls ich verlieren würde. Da liegt der große Unterschied zwischen uns beiden.

Als ich gestern euren Laden betrat, war ich vollständig durch meine Melancholie vereinnahmt, durch meinen Ärger mit dem Clan-Oberhaupt. Durch eure Provokationen haben sich diese kleinen Sorgen in Luft aufgelöst. Ich merkte, dass es nur eine Kleinigkeit war, ohne wirkliche Bedeutung. Eure Herausforderung hat mir dabei geholfen, mich wieder auf das Wesentliche zu konzentrieren.«

Die Lektion des ehrwürdigen Katers

Der folgende merkwürdige Bericht ist einem alten Buch über die Fechtkunst entnommen, wahrscheinlich von einem Meister des 17. Jahrhunderts aus der Ittoryu-Schule verfasst. Von Daoismus und Zen inspiriert, enthält dieses »philosophische Märchen« die Essenz der Kampfkünste.

Seit mehreren Tagen wurde Shoken, Meister der Fechtkunst, nun schon durch eine Ratte geplagt, die sich in seinem Heim eingerichtet hatte. Die besten Kater aus der ganzen Umgebung waren bereits in sein Haus eingeladen worden, um sich des Problems anzunehmen. Zur allgemeinen Überraschung spielten sich diese Besuche stets nach dem gleichen Szenario ab: Am Schluss war es der Jäger, der, von den Angriffen der Ratte erschreckt, laut miauend die Flucht ergriff.

In seiner Verzweiflung beschloss der Meister schließlich, eigenhändig das furchtbare Tier zu töten. So ging er denn persönlich, mit seinem Schwert bewaffnet, zum Angriff über. Doch schnell wie der Blitz wich die Ratte allen Hieben aus. Mit aller Kraft stürzte sich Shoken schließlich auf das Tier. Es blieb unfassbar. Schweißüberströmt und völlig außer Atem gab der Meister auf. Würde er tatsächlich einen Teil seines Hauses an diese verfluchte Ratte abtreten müssen? Zusehends verschlechterte sich seine Laune.

Da hörte er eines Tages von einem Kater, der in dem Ruf stand, der beste Rattenfänger der ganzen Provinz zu sein. Doch als Shoken den berühmten Kater erblickte, ließ er all seine Hoffnungen fahren – das Tier, nicht mehr ganz jung, machte wirklich keinen guten Eindruck. Da er schließlich nichts zu verlieren hatte, ließ er den Kater in die Gemächer eintreten, in denen die Ratte ihr Unwesen trieb. Langsam ging der Kater durch die Räume, mit gleichmäßigem, ruhigem Schritt – ganz so, als handle es sich hier um einen netten Spaziergang ohne besonderes Ziel. Als die Ratte ihn erblickte, blieb sie wie versteinert stehen. Sie war offensichtlich zu Tode erschreckt. Langsam näherte sich der Kater, und ohne Anstrengung fing er die Ratte. Mit seiner Beute im Maul verließ er dann gemächlich das Zimmer.

Am Abend fanden sich alle Kater, die an der Jagd auf die Ratte beteiligt gewesen waren, in Shokens Haus ein. Als Held des Tages war der Große Kater Ehrengast und er hatte einen besonderen Platz erhalten. Schließlich richtete einer der anderen Kater das Wort an ihn: »Wir sind als die erfahrendsten Kater des ganzen Dorfes angesehen. Doch keinem von uns ist gelungen, was ihr mit dieser furchtbaren Ratte geschafft habt. Eure Meisterschaft ist wirklich außergewöhnlich. Wir alle brennen vor Neugier, euer Geheimnis zu erfahren.«

Der ehrwürdige Kater antwortete: »Bevor ich versuche, euch die Prinzipien der Großen Kunst und des Weges zu nennen, würde ich gerne hören, was ihr für Kenntnisse habt und worin genau ihr unterwiesen worden seid.«

Als erster erhob sich der schwarze Kater: »Ich stamme aus einer berühmten Familie von Rattenfängern und bin von meiner Kindheit an in dieser Kunst unterrichtet worden. Ich vermag zwei Meter weit zu springen, mich in ein enges Rattenloch einzuschleichen, kurz, ich bin Experte in allen Formen von Akrobatik. Außerdem kenne ich allerlei Arten von

List und habe mehr als einen Trick auf Lager. Ich schäme mich, von dieser alten Ratte in die Flucht geschlagen worden zu sein.« Da erklärte der Große Kater: »Ihr habt nur Techniken erlernt, habt euch ausschließlich damit beschäftigt, eure Angriffe aus tollen Tricks und Sprüngen zusammenzusetzen. Tatsächlich haben die alten Meister diese Techniken erfunden, auf dass wir unseren Blick dafür schärfen, welche Vorgehensweise für die jeweilige Aufgabe die passende ist. Die Idee ist einfach und effektiv in der Anwendung. Im Prinzip enthält sie auch alle wesentlichen Aspekte der Kunst. Doch die technische Effektivität ist nicht das Ziel der Kunst. Sie ist nur ein Mittel, das im Einklang mit dem Weg stehen muss. Wird der Weg vernachlässigt und die reine Wirksamkeit überbewertet, verkümmert die wahre Kampfkunst schnell, zumal wenn man sie auf unbedachte Weise einsetzt. Vergesst das niemals.«

Nun erhob sich der getigerte Kater, um seine Meinung zu sagen: »Meiner Ansicht nach ist das Wichtigste an der Kampfkunst das Ki, die Energie, der Geist. Lange habe ich trainiert, um es zu entwickeln. Jetzt besitze ich den mächtigsten Geist – jenen, der Himmel und Erde ausfüllt. Sobald ich dem Gegner gegenüber trete, beeinflusst ihn mein Ki und der Sieg ist mir sicher, noch bevor der eigentliche Kampf begonnen hat. Selbst eine Ratte, die über einen schmalen Balken huscht, vermag ich zu fangen: Ich muss nur mein Ki in ihre Richtung lenken und schon stürzt sie. Doch mit dieser geheimnisvollen Ratte – nichts zu machen … Das überstieg meine Kräfte.«

Der ehrwürdige Kater antwortete: »Ihr seid zwar fähig, einen großen Teil eurer psychischen Macht auszuüben. Doch der schlichte Umstand, dass ihr euch dessen bewusst seid, arbeitet gegen euch. Dem Gegner eure große psychische Macht entgegenzustellen ist keine Lösung, denn ihr lauft immer Gefahr, auf eine noch stärkere Macht zu treffen.

Ihr behauptet, euer Geist fülle Himmel und Erde aus, doch ihr täuscht euch. Es ist nicht der Geist selbst, sondern nur dessen Schatten. Ihr solltet nicht seelische Struktur und Geist verwechseln. Der wahre Geist ist ein unerschöpflicher Energiestrom, der wie ein Fluss fließt, wohingegen eure Kraft von bestimmten Umständen abhängig ist, so wie der Donner nur für die Zeitspanne eines Gewitters existiert. Dieser grundlegende Unterschied bedingt unterschiedliche Ergebnisse. Eine verfolgte Ratte erweist sich in ihrer Kampfwut oft stärker als der Kater, der sie jagt. Sie ist auf der Hut und ihr ganzes Sein verkörpert den Geist des Kampfes. Kaum ein Kater kann ihren Widerstand brechen.«

Da ergriff der graue Kater das Wort: »Wie ihr ganz richtig sagt, wird jeder Geist von seinem Schatten begleitet, aus dem – wie stark man auch sein mag – der Gegner seinen Nutzen ziehen kann. In diesem Sinn habe ich lange geübt: dem Gegner nicht zu widerstehen, sondern umgekehrt seine Kraft auszunutzen, um sie gegen ihn zu wenden. Dank meiner Flexibilität sind selbst die stärksten Ratten nicht an mich herangekommen. Aber diese erstaunliche Ratte ist mir nicht in die Falle des Nichtwiderstehens gegangen.«

Abermals kommentierte der alte Kater: »Was ihr die Strategie des Nichtwiderstehens nennt, ist nicht im Einklang mit der Natur. Denn es handelt sich um einen Trick, den euer Kopf sich ausgedacht hat. Das künstliche Nichtwiderstehen setzt eine psychische Willensanstrengung voraus, die wiederum die Qualität eurer Wahrnehmung beeinflusst und die Spontaneität eurer Bewegungen beeinträchtigt. Soll sich die *Natur* wirklich grundlegend manifestieren, müsst ihr euch all eurer geistigen Zwänge entledigen. Vermag die Natur ihren eigenen Weg zu nehmen und ihrem Wesen entsprechend in euch zu agieren, gibt es keinen Schatten, kein Wanken, keine Lücke, von der euer Gegner profitieren könnte …

Ich bin zwar nur ein einfacher Kater und weiß nicht viel von menschlichen Angelegenheiten. Lasst mich bitte dennoch die Fechtkunst zum Vergleich heranziehen, um einen grundsätzlichen Gedanken zum Ausdruck zu bringen: Die Kunst des Fechtens besteht nicht nur darin, den Gegner zu besiegen. Sie ist vor allem die Kunst, sich in kritischen Situationen der Ursache von Leben und Tod bewusst zu sein. Ein Samurai muss sich dies stets vergegenwärtigen und sich ebenso einem spirituellen wie einem kampftechnischen Training unterziehen. Er muss also versuchen, die Ursache des Lebens und des Todes zu durchdringen. Hat er dieses Niveau des Daseins erreicht, ist er frei von jeglichem Egoismus, er hegt keinerlei negative Gefühle. Er ist weder berechnend noch strategisch. Sein Geist befindet sich dann in einem Zustand des Nichthandelns, des absichtslosen Handelns und in Einklang mit seiner Umgebung.

Ist der Zustand des Nichtbegehrens erreicht, hat der Geist, von Natur aus formlos, keinen Gegenstand mehr. Das Ki, die spirituelle Energie, breitet sich dann ungehindert aus, auf ausgewogene Art und Weise. Wird die Energie dagegen von einer Sache zu stark angezogen, kippt sie und fließt in eine einzige Richtung ab – und fehlt an anderer Stelle. Wo es dann zu viel davon gibt, gerät alles aus den Fugen und außer Kontrolle. Wo ein Mangel herrscht, fehlt die Nahrung und alles schrumpft zusammen. In beiden Fällen verliert ihr die Fähigkeit, euch in schwierigen, ständig sich verändernden Situationen angemessen zu verhalten. Doch wo das Nichtbegehren vorherrscht, findet sich der Geist eben nicht von einer einzigen Sache aufgesaugt, vielmehr transzendiert er zugleich Subjekt und Objekt.«

An diesem Punkt stellte schließlich Shoken eine Frage: »Was soll man darunter verstehen, ›Subjekt und Objekt zu transzendieren‹?« Der ehrwürdige Kater erklärte: »Da es ein Ich gibt, gibt es auch einen Gegner. Gibt es kein Ich mehr, gibt es auch keinen Gegner mehr. Wenn ihr ein Wort an die Dinge klebt, sie in eine feste und künstliche Form sperrt, scheinen sie euch entgegenzustehen. Das Männliche steht im Gegensatz zum Weiblichen, das Feuer im Gegensatz zum Wasser. Doch sobald sich kein Urteil mehr in eurem Geist manifestiert, kann auch kein Konflikt mehr darin stattfinden. Weder ein Ich noch ein Feind existiert mehr. Habt ihr das Gedankliche erst einmal hinter euch gelassen, kostet ihr den Zustand des absichtslosen Handelns. Dann findet ihr euch in einer heiteren Harmonie mit dem Universum, seid eins mit ihm. Ihr trefft keine Wahl mehr zwischen wahr und falsch, angenehm und unangenehm. Ihr habt euch befreit von der dualistischen Welt, wie sie euren Gedanken entspringt. Doch dringt auch nur ein einziges kleines Staubkorn in das Auge ein, vermögen wir es nicht mehr offen zu halten. Der Geist ähnelt dem Auge: Sobald ein Objekt in ihn eindringt, verliert er seine Macht.

Das ist alles, was ich euch hier sagen kann. Es ist an euch, die Wahrheit meiner Worte zu erproben. Das wahre Verständnis liegt ohnehin jenseits jeder sprachlichen Erklärung. Eine Vermittlung von Person zu Person ist notwendig, aber die letzte Wahrheit kann man nur ganz für sich allein erlangen. Unterrichten ist nicht schwer, zuhören auch nicht – wirklich schwierig ist, sich bewusst zu machen, was in einem selbst ist. Das Satori, das Erwachen, ist nichts anderes als der Umstand, über das eigene Sein hinauszusehen. Das Satori ist das Ende eines Traums. Die Erweckung, die Verwirklichung des Selbst und über das Selbst hinauszusehen sind das Gleiche.«

Robert Aitken
Zen als Lebenspraxis
Aus dem Amerikanischen von Christian Quatmann
Vorwort von Gary Snyder
Diederichs Gelbe Reihe Band 78, 192 Seiten, Paperback

Robert Aitken, langjähriger Zen-Meister, vermittelt lebendig und
anschaulich die tägliche Übungspraxis des Zen: von Fragen der
Atmung und der Organisation einer Sitzung, über die Lehrer-
Schüler-Beziehung bis zu den zehn Geboten der sittlichen Zucht.
Im klaren methodischen Aufbau zeigt Aitken Roshi den Zusammen-
hang zwischen der Praxis des Zazen und der Lehre des Zen.

*»Beim Lesen dieses Buches erfährt man so unmittelbar,
wie das zwischen zwei Buchdeckeln nur möglich ist, jene
Warmherzigkeit, Weisheit und Furchtlosigkeit großer Lehrer,
die sonst nur in deren Gegenwart spürbar werden.«*
THE MIDDLE WAY

Stephan Schuhmacher
Zen
Diederichs kompakt, ca. 120 Seiten, Paperback

»ZEN« ist nicht die Abkürzung für »Zuhören«, »Entspannen« und
»Nachdenken«, wie es uns das Fernsehen suggerieren will: Zen ist
eine regelhafte Schule des Buddhismus, ein Programm, das Leben zu
bewältigen und sozial zu gestalten, ein Weg zur Erleuchtung, und
zwar ein langer und schwieriger. Was ist jedoch ein Koan? Und was
bedeutet der Ausruf »Ho!«? Warum schmücken Zen-Mönche ihre
Gärten nur mit Sand und ein paar Steinen? Und warum schlägt der
Meister seinen Schüler, wenn jener nach dem Sinn des Lebens fragt?
Stephan Schuhmacher gibt die Antworten.

DIEDERICHS

Thomas Cleary
Zen-Geschichten
Begegnungen zwischen Schülern und Meistern
Aus dem Englischen von Konrad Dietzfelbinger
Diederichs Gelbe Reihe Band 132, 122 Seiten, Paperback

Über 100 Geschichten und Anekdoten führen pointiert,
amüsant und lehrreich die Weisheit des Zen vor Augen:
auf den ersten Blick einfach und verständlich, bei näherer
Betrachtung subtil, tief und eindringlich. In den Episoden von
Lehrern und Schülern begegnet der Leser bekannten Zen-Meistern
wie Hakuin, Bankei und Shosan sowie berühmten Dichtern
und Künstlern des Zen.
Die Geschichten erschließen die Welt des Zen und seine
Grundprinzipien des Gebens, der Disziplin, Geduld, Energie,
Meditation und Einsicht.
Ein Buch voller Witz, Geist und Tiefgründigkeit.

Rients R. Ritskes
Zen für Manager
Diederichs Gelbe Reihe Band 103, 144 Seiten, Paperback

Das Buch lehrt ein effektives Führungsverhalten,
bei dem der Manager bestimmte wesentliche Elemente der
Zen-Philosophie in der Praxis anwendet. Durch die Zen-Meditation
lernt der Mensch, sich selbst vorurteilslos zu betrachten
und dadurch größere Selbsterkenntnis, mehr Kreativität und
allgemeine Menschenkenntnis zu erlangen.
Das ermöglicht, Organisationsstrukturen und die Zusammenarbeit
in Unternehmen zu durchschauen und zu optimieren.

DIEDERICHS

Chao-Hsiu Chen
Lächelnde List
3 x 36 Erfolgs-Strategeme aus dem alten China
ca. 300 Seiten mit Bambuszeichnungen der Autorin,
Broschur

Strategeme sind jene listenreichen Lehrsätze aus dem alten
China, deren Anwendung dazu führt, stets auf der Sonnenseite
des Lebens zu stehen. Sie bieten dem Leser eine Orientierung,
die er in Konfliktsituationen anwenden kann, um – selbst bei
aussichtslosem Stand der Dinge – zu den Gewinnern zu zählen.
Chao-Hsiu Chen interpretiert diese Strategien neu und führt an,
in welchen Lebenslagen und bei welchen konkreten
Problemen sie am besten einzusetzen sind.
So wird aus altem philosophischen Gedankengut ein Ratgeber
mit hohem praktischen Nutzwert für das tägliche Leben.

ARISTON